财富世界行 系列

The Circulating Golden Coins

流动的金币

欧盟财富世界之旅

Rich World Tour Of EU

李华伟/编著

中国出版集团　现代出版社

图书在版编目(CIP)数据

流动的金币 / 李华伟编著. —北京：现代出版社，2016.7（2021.8重印）

ISBN 978-7-5143-5205-4

Ⅰ.①流… Ⅱ.①李… Ⅲ.①欧洲国家联盟—金融

体系—普及读物 Ⅳ.①F835.01-49

中国版本图书馆CIP数据核字(2016)第160824号

编　　著	李华伟
责任编辑	王敬一
出版发行	现代出版社
通讯地址	北京市安定门外安华里504号
邮政编码	100011
电　　话	010-64267325 64245264（传真）
网　　址	www.1980xd.com
电子邮箱	xiandai@cnpitc.com.cn
印　　刷	北京兴星伟业印刷有限公司
开　　本	700mm×1000mm 1/16
印　　张	9.5
版　　次	2016年12月第1版　2021年8月第3次印刷
书　　号	ISBN 978-7-5143-5205-4
定　　价	29.80元

前言

QIANYAN

　　多年以来，我们就一直想策划关于G20的图书，经过艰苦努力，如今这个想法终于变成了现实。毋庸置疑，G20已经成为世界上最具影响力的经济论坛之一，而成员国则被视为世界经济界"脑力激荡"、"激发新思维"与财富的代名词。

　　我常常会在心里问自己：到底什么是财富？什么是经济？有的人可能会说，钱啊！这种说法从某种意义上来说有一定的道理。在这里我要说，只要是具有价值的东西都可以称之为财富，包括自然财富、物质财富、精神财富，等等。从经济学上来看，财富是指物品按价值计算的富裕程度，或对这些物品的控制和处理的状况。财富的概念为所有具有货币价值、交换价值或经济效用的财产或资源，包括货币、不动产、所有权。在许多国家，财富还包括对基础服务的享受，如医疗卫生以及对农作物和家畜的拥有权。财富相当于衡量一个人或团体的物质资产。

　　需要说明的是，世上没有绝对的公平，只有相对的强弱。有的人一出生就有豪车豪宅，而且是庞大家业的继承人；有的人一出生就只能是穷乡僻壤受寒冷受饥饿的孩子。自己的人生只有改变"权力、地位、财富"中的一项，才可以获得优势的生存机会。那么，财富又被

赋予了新的内涵:要创造财富,增加财富,维持财富,保护财富,享受财富;要提高自己的生活质量。

二十国集团是一个国际经济合作论坛,它的宗旨是为推动发达国家和新兴市场国家之间就实质性问题进行讨论和研究,以寻求合作并促进国际金融稳定和经济持续发展。二十国集团由美国、英国、日本、法国、德国、加拿大、意大利、俄罗斯、澳大利亚、中国、巴西、阿根廷、墨西哥、韩国、印度尼西亚、印度、沙特阿拉伯、南非、土耳其共19个国家以及欧盟组成。这些国家的国民生产总值约占全世界的85%,人口则将近世界总人口的2/3。本选题立足二十国集团,希望读者通过阅读能够全面了解这20个经济体,同时,能够对财富有一个全面而清醒的认识。

即使在基本写作思路确定后,对本书的编写还是有些许的担忧,但是工作必须做下去,既然已经开始,我们绝不会半途而废。在编写过程中,书稿大致从以下几个方面入手:

1. 立足G20成员国的经济、财富,阐述该国的经济概况、经济地理、经济历史、财富现状、财富人物以及财富未来的发展战略等。

2. 本书稿为面对青少年的普及型读物,所以在编写过程中尽量注重知识性、趣味性,力求做到浅显易懂。

3. 本书插入了一些必要的图片,对本书的内容进行了恰到好处的补充,以更好地促进读者的阅读。

尽管我们付出了诸多的辛苦,然而由于时间紧迫和能力所限,书稿错讹之处在所难免,敬请各方面的专家学者和广大读者批评指正,我们将不胜感激!

编 者

2012年11月

目录 CONTENTS

开 篇 二十国集团是怎么回事

二十国集团,由八国集团(美国、日本、德国、法国、英国、意大利、加拿大、俄罗斯)和11个重要新兴工业国家(中国、阿根廷、澳大利亚、巴西、印度、印度尼西亚、墨西哥、沙特阿拉伯、南非、韩国和土耳其)以及欧盟组成。

二十国集团简介

二十国集团,由八国集团(美国、日本、德国、法国、英国、意大利、加拿大、俄罗斯)和 11 个重要新兴工业国家(中国、阿根廷、澳大利亚、巴西、印度、印度尼西亚、墨西哥、沙特阿拉伯、南非、韩国和土耳其)以及欧盟组成。按照惯例,国际货币基金组织与世界银行列席该组织的会议。二十国集团的 GDP 总量约占世界的 85%,人口约为 40 亿。中国经济网专门开设了"G20 财经要闻精粹"专栏,每日报道 G20 各国财经要闻。

【走近二十国集团】

二十国集团,又称G20,它是一个国际经济合作论坛,于1999年12月16日在德国柏林成立,属于布雷顿森林体系框架内非正式对话的一种机制,由原八国集团以及其余12个重要经济体组成。

二十国集团的历史

二十国集团的建立，最初是由美国等 8 个工业化国家的财政部长于 1999 年 6 月在德国科隆提出的，目的是防止类似亚洲金融风暴的重演，让有关国家就国际经济、货币政策举行非正式对话，以利于国际金融和货币体系的稳定。二十国集团会议当时只是由各国财长或各国中央银行行长参加，自 2008 年由美国引发的全球金融危机使得金融体系成为全球的焦点，开始举行二十国集团首脑会议，扩大各个国家的发言权，它取代了之前的二十国集团财长会议。

二十国集团的成员

二十国集团的成员包括：八国集团成员国美国、日本、德国、法国、英国、意大利、加拿大、俄罗斯，作为一个实体的欧盟和澳大利亚、中国以及具有广泛代表性的发展中国家南非、阿根廷、巴西、印度、印度尼西亚、墨西哥、沙特阿拉伯、韩国和土耳其。这些国家的国民生产总值约占全世界的 85%，人口则将近世界总人口的 2/3。二十国集团成员涵盖面广，代表性强，该集团的 GDP 占全球经济的 90%，贸易额占全球的 80%，因此，它已取代 G8 成为全球经济合作的主要论坛。

【走近二十国集团】

二十国集团是布雷顿森林体系框架内非正式对话的一种机制，旨在推动国际金融体制改革，为有关实质问题的讨论和协商奠定广泛基础，以寻求合作并促进世界经济的稳定和持续增长。

二十国集团的主要活动

　　二十国集团自成立至今,其主要活动为"财政部长及中央银行行长会议",每年举行一次。二十国集团没有常设的秘书处和工作人员。因此,由当年主席国设立临时秘书处来协调集团工作和组织会议。

　　会议主要讨论正式建立二十国集团会议机制以及如何避免经济危机的爆发等问题。与会代表不仅将就各国如何制止经济危机进行讨论,也将就国际社会如何在防止经济危机方面发挥作用等问题交换意见。

　　1999 年 12 月 15 日至 16 日,第一次会议暨成立大会,德国柏林;

　　2000 年 10 月 24 日至 25 日,第二次会议,加拿大蒙特利尔;

　　2001 年 11 月 16 日至 18 日,第三次会议,加拿大渥太华;

　　2002 年 11 月 22 日至 23 日,第四次会议,印度新德里;

2003 年 10 月 26 日至 27 日，第五次会议，墨西哥莫雷利亚市；

2004 年 11 月 20 日至 21 日，第六次会议，德国柏林；

2005 年 10 月 15 日至 16 日，第七次会议，中国北京；

2006 年 11 月 18 日至 19 日，第八次会议，澳大利亚墨尔本；

2007 年 11 月 17 日至 18 日，第九次会议，南非开普敦；

2008 年 11 月 8 日至 9 日，第十次会议，美国华盛顿；

2009 年 4 月 1 日至 2 日，第十一次会议，英国伦敦；

2009 年 9 月 24 日至 25 日，第十二次会议，美国匹兹堡；

2010 年 6 月 27 日至 28 日，第十三次会议，加拿大多伦多；

2010 年 11 月 11 日至 12 日，第十四次会议，韩国首尔；

2011 年 2 月 18 日至 19 日，第十五次会议，法国巴黎；

2011 年 11 月 3 日至 4 日，第十六次会议，法国戛纳；

2012 年 6 月 17 日至 19 日，第十七次会议，墨西哥洛斯卡沃斯。

二十国集团的相关报道

1.加拿大：防止债务危机恶化

作为峰会主席国，加拿大主张：各成员国应就未来 5 年将各自预算赤字至少减少 50% 达成一项协议，以防止主权债务危机进一步恶化；会议应发出明确信号，收紧刺激性支出，即当各国刺激计划到期后，将致力于重整财政，防止通货膨胀。

【走近二十国集团】

以"复苏和新开端"为主题的二十国集团领导人第4次峰会于2010年6月26日至27日在加拿大多伦多召开。此次峰会正值世界经济出现好转趋势，但欧元区主权债务危机爆发又给全球经济走势增添诸多变数之际。在此背景下，与会的主要发达国家及发展中国家对这次峰会的立场受到国际舆论的高度关注。

加拿大还认为，应建立有效的金融调节国际机制，进一步提高银行资本充足率，以防止出现新的金融机构倒闭。不应由纳税人承担拯救金融机构的责任；加强世界银行、国际货币基金组织和多边开发银行的作用，支持国际货币基金组织配额改革，反对开征银行税，认为设立紧急资金是更好的选择。

此外，加拿大还表示，各成员国应承诺反对贸易保护主义，促进国际贸易和投资进一步自由化，确保经济复苏；增加对非洲的发展援助。

2.美国：巩固经济复苏势头

美国是世界头号经济强国，也是本轮金融危机的发源地。根据美国官

方透露的信息,美国政府对此次峰会的主要立场包括:巩固经济复苏势头;整顿财政政策;加强金融监管,确立全球通用的金融监管框架。美国希望与各国探讨国际金融机构的治理改革等问题。

美国财政部官员说,中国日前宣布进一步增强人民币汇率弹性,其时机对二十国集团峰会"极有建设性"。欧洲宣布将公布对银行业进行压力测试的结果,这将有助于恢复市场信心。

【走近二十国集团】

二十国集团的宗旨是为推动已工业化的发达国家和新兴市场国家之间就实质性问题进行开放及有建设性的讨论和研究,以寻求合作并促进国际金融稳定和经济的持续增长。

美方对这两项宣布感到鼓舞。

3.巴西:鼓励经济增长政策

根据从巴西外交部得到的消息,巴西将在二十国集团峰会上提出要求各国继续鼓励经济增长政策、加快金融市场调节机制建设的主张。

巴西认为,当年4月结束的世界银行改革"令人满意",但在今后几年中还应在各国投票权上实现进一步平等。此外,峰会应从政治层面强调国际货币基金组织改革。

巴西政府主张二十国集团应发挥更大作用,因为当今世界,二十国集团已显示出了高效讨论各种重要议题的论坛作用。同时,二十国集团也需从主要讨论金融危机拓展到其他问题,如发展、能源和石油政策等。

4.俄罗斯:主张二十国集团机制化

俄罗斯曾经在峰会上就二十国集团机制化、推动国际审计体系改革、建立国际环保基金等具体问题提出一系列倡议。

梅德韦杰夫曾经在会见巴西总统卢拉后说,现在需要努力将二十国集团打造成一个常设机构,以便对国际经济关系产生实际影响。

梅德韦杰夫还在接见美国知名风险投资公司负责人时表示，原有的国际审计体系已经被破坏，俄罗斯目前正在制定改革这一体系的相关建议。他说，二十国集团峰会应对关于审计改革的议题进行讨论。

在防范金融风险方面，俄罗斯可能提出两套方案：一是开征银行税并建立专门的援助基金；另一方案是在发生危机时，国家向银行提供资金支持，但危机过去后，银行不仅要返回资金，还要支付罚款。

5.日本：期望发挥积极作用

日本外务省经济局局长铃木庸一则在记者会上表示，在发生国际金融和经济危机、新兴国家崛起等国际秩序发生变化的形势下，二十国集团是发达国家和新兴国家商讨合作解决全球问题的场所，日本可以继续为解决全球问题发挥积极作用。

> **【走近二十国集团】**
>
> 铃木庸一说，从支撑世界经济回升、遏制贸易保护主义的观点出发，二十国集团首脑应表明努力实现多哈谈判早日达成协议的决心。

日本期望峰会能深入讨论如何应对全球性问题并达成一些协议，发达国家和新兴国家能够更多地开展合作，共同致力于解决经济、金融等方面的全球性课题。

6.南非：希望从国际贸易中受益

对于二十国集团峰会，南非政府希望在峰会上重申，南非将与其他国家加强贸易进出口联系，以使其在国际贸易交往中受益。对此，南非方面呼吁重建世界贸易经济交往秩序和规则，予以发展中国家新兴经济体以更多的优惠与权利，与其他发展中国家携手重建世界贸易新秩序。

南非经济学家马丁·戴维斯认为，二十国集团峰会本是西方世界的产物，如今以中国、南非、巴西、印度等新兴经济体为代表的发

展中国家需要联合起来，打破国际经济旧秩序，建立更加平衡、公平、长效、利于世界经济全面复兴的新国际经贸秩序。

7.欧盟：实施退出策略需加强协调

对于欧盟来说，在实施退出策略上加强国际协调和继续推进国际金融监管改革，将是其在峰会上的两大核心主张。

【走近二十国集团】

在推进国际金融监管改革方面，欧盟将力主就征收银行税达成协议。除此之外，欧盟还提出要在峰会上探讨征收全球金融交易税的可能性。

欧盟曾经掀起了一股财政紧缩浪潮，但在如何巩固财政和维护经济复苏之间求得平衡的问题上与美国产生分歧。在退出问题上美欧如何协调将是多伦多峰会的一大看点。

8.印度：征银行税不适合印度

印度政府官员表示，在峰会上，新兴经济国家与发达国家在如何促进世界经济复苏的问题上将产生不同意见。

各国应对金融危机的情况不同，经济增长形势不同，西方国家必

须认识到这一点。

印度官员指出,欧盟目前被一些成员国的财政赤字和债务危机所困,法德两国都希望收缩开支。但德国如果采取财政紧缩政策,它可能会陷入双重经济衰退,而且整个欧盟的经济也将随之收缩,这不利于世界经济复苏。

印度官员同时表示,美国政府最近提出要征收银行税和加强对银行的政策限制,西方很可能要求印度等国也采取类似措施,但这并不适合印度,因为印度的金融体系相当健康。

9.中国:谨慎决策防范风险

中国外交部副部长崔天凯曾经在媒体吹风会上说,多伦多峰会是二十国集团峰会机制化后的首次峰会,具有承前启后的重要意义。中方希望有关各方维护二十国集团信誉与效力,巩固该集团国际经济合作主要论坛的地位。

中方在此次峰会上强调,为推动全球经济稳定复苏,各国应保持宏观经济政策的连续性和稳定性;根据各自国情谨慎确定退出战略的时机和方式;在致力于经济增长的同时防范和应对通胀和财政风险;反对贸易和投资保护主义,促进国际贸易和投资健康发展。

中方还指出,为实现全球经济强劲、可持续增长,发达国家应采取有效措施解决自身存在的问题,以减少国际金融市场波动;发展中国家应通过改革和结构调整,以促进经济增长。

集团宗旨

二十国集团属于非正式论坛,旨在促进工业化国家和新兴市场国家

【走近二十国集团】

二十国集团还为处于不同发展阶段的主要国家提供了一个共商当前国际经济问题的平台。同时,二十国集团还致力于建立全球公认的标准,例如在透明的财政政策、反洗钱和反恐怖融资等领域率先建立统一标准。

就国际经济、货币政策和金融体系的重要问题开展富有建设性和开放性的对话，并通过对话，为有关实质问题的讨论和协商奠定广泛基础，以寻求合作并推动国际金融体制的改革，加强国际金融体系架构，促进经济的稳定和持续增长。

2011巴黎G20财长会议

全球瞩目的二十国集团财政部长和央行行长会议于当地时间2011年10月15日在法国巴黎闭幕，此次会议是在全球经济尤其是欧债危机深度演化的背景下召开的，吸引了各方关注。

会上，各成员国财政领袖支持欧洲方面所列出的对抗债务危机的新计划，并呼吁欧洲领导人在23日举行的欧盟峰会上对危机采取坚决行动。

此外，与会各方还通过了一项旨在减少系统性金融机构风险的大银行风险控制全面框架。

在本次财长会上，全球主要经济体对欧洲施压，要求该地区领导人在当月23日的欧盟峰会上"拿出一项全面计划，果断应对当前的挑战"。

呼吁欧元区"尽可能扩大欧洲金融稳定基金(EFSF)的影响，以便解决危机蔓延的问题"。

有海外媒体报道称，欧洲官员正在考虑的危机应对方案包括：将希腊债券减值多达50%，对银行业提供支持并继续让欧洲央行购买债券等。

决策者还保留了国际货币基金组织(IMF)提供更多援助，配合欧洲行动的可能性，但是对于是否需要向IMF提供更多资金则意见不一。

当天的会议还通过了一项旨在减少系统性金融机构风险的新规，包括加强监管、建立跨境合作机制、明确破产救助规程以及大银行需额外增加资本金等。

根据这项新规，具有系统性影响的银行将被要求额外增加1%至2.5%的资本金。

二十国集团成员同意采取协调一致措施，以应对短期经济复苏脆弱问题，并巩固经济强劲、可持续、平衡增长基础。所有成员都应进一步推进结构改革，提高潜在增长率并扩大就业。

金融峰会

二十国集团金融峰会于2008年11月15日召开，作为参与国家最多、在全球经济金融中作用最大的高峰对话之一，G20峰会对应对全球金融危机、重建国际金融新秩序作用重大，也因此成为世界的焦点。

金融峰会将达成怎么样的结果？对今后一段时间的全球经济有何推动？对各大经济体遭受的金融风险有怎样的监管和控制？种种问题，都有待回答。

第一，拯救美国经济，防止美国滥发美元

目前美国实体经济已经开始衰退，为了刺激总需求，美联储已经将基准利率降到了1%，并且不断注资拯救陷入困境的金融机构和大型企业，这些政策都将增加美元发行，从而使美元不断贬值。

美元是世界货币，世界上许多国家都持有巨额的美元资产，美国

> **【走近二十国集团】**
>
> 如何拯救美国经济，防止美国滥发美元；要不要改革IMF，确定国际最后贷款人；必须统一监管标准，规范国际金融机构活动。这里对峰会做出的三大猜想，一定也有助于读者更好地观察二十国集团金融峰会的进一步发展。

滥发货币的行为将会给持有美元资产的国家造成严重损失。因此，金融峰会最迫在眉睫的任务应是防止美国滥发货币，而为了达到这个目的，各国要齐心协力拯救美国经济，这集中体现在购买美国国债上。

截至2008年9月30日，美国联邦政府财政赤字已达到4548亿美元，达到了历史最高点，因此，美国财政若要发力，需要世界各国购买美国国债，为美国政府支出融资。因此，G20的其他成员要步调一致，严禁大量抛售美国国债，只有这样，才能稳住美国经济，自己手中的美元资产才能保值增值。

第二，改革IMF，确定国际最后贷款人

查尔斯·金德尔伯格在其脍炙人口的《疯狂、惊恐和崩溃：金融危机史》里指出，最后贷款人对解决和预防金融危机扩散至关重要。如果危机发生在一国之内，该国的中央银行可以充当这一角色，但是如果其演变为区域性或全球性金融危机，就需要国际最后贷款人来承担这一角色了。

1944年成立的国际货币基金组织（IMF）就是为了稳定国际金融秩序而建立的一个国际最后贷款人。但是，IMF本身实力有限，只能帮助应对规模较小的金融危机，而且一直受美国利益的支配，在援助受灾国的时候，往往附加苛刻的政治条件，限制了受灾国自主调控经济的自主性，往往在解决金融危机的同时导致严重的经济衰退。

【走近二十国集团】

在国际范围内，既不存在世界政府，也没有任何世界性的银行可以发挥这种功能，但是如果G20能够达成一种世界性的协议，共同应对更大规模的危机（例如由美国次贷风暴所引发的金融危机），将成为一种次优选择。

在这次峰会中，G20其他成员，尤其是新兴经济体将更多地参与到IMF改革中来，包括要求更多的份额、在决策中拥有更多的发言权等。但是IMF的问题还不止于此。IMF成立之初主要为了应对贸易赤字所带来的国际收支失衡,但是今天的问题是资本流动成了影响一国国际收支的主要因素,在巨量的资本流动面前,IMF 发挥的"救火"功能十分有限。在这种情况下,应确定规模更大的、协调功能更好的、能应对巨额资本流动冲击的国际最后贷款人。

第三,统一监管标准,规范国际金融机构活动

这次危机的根源之一是美国金融监管过度放松。作为金融全球化的主要推动者,美国对其金融机构和金融市场创新的监管越来越宽松,在这种宽松的环境下,其投资银行、商业银行和对冲基金等金融机构高杠杆运营,在全球其他国家攻城略地,屡屡得手。例如,1992 年的英镑和里拉危机,1997 年的亚洲金融危机,在很大程度上都是对冲基金兴风作浪的结果。由于这些机构在全球运行,可以通过内部交易或者跨国资本交易来逃避世界各国的金融监管,因此,统一监管标准,规范国际金融活动,就成了除美国之外,G20 其他成员的共同心声。美国也想加强金融监管,但是它更清楚要掌握监管

规则制定的主动权。如果放弃主动权,美国在国际金融体系中的霸权地位将会被极大撼动,这是美国金融资本所不愿看到的,而这也恰恰是 G20 其他成员的金融资本所诉求的。欧盟成员国在这个问题上早早表明了立场,预计在金融峰会上,美国或者置之不理,或者与 G20 中的欧盟成员国展开一番唇枪舌剑。经济和政治犹如一对孪生兄弟,如影随形。这次金融峰会不光要应对全球经济危机,更关系到美国相对衰落之后的全球利益调整。这个讨价还价的过程不是一次金融峰会就可以解决的,未来更多的峰会将接踵而来。目前,中国是世界上仅次于美国的第二大经济体,拥有全球最多的外汇储备,其他各国都盯住了中国的"钱袋子",更加关注中国的动向。中国应抓住这次世界经济和政治格局调整的机会,主动发挥大国的作用,参与国际规则的制定,为中国的崛起、为全球金融和经济的长治久安做出自己的贡献。

【走近二十国集团】

二十国集团成员涵盖面广、代表性强,该集团的GDP占全球经济的90%,贸易额占全球的80%,因此已取代G8成为全球经济合作的主要论坛。

第一章 大显身手的欧元

欧盟现有 27 个成员国，人口 5 亿，GDP16.106 万亿美元。欧盟的宗旨是"通过建立无内部边界的空间，加强经济、社会的协调发展和建立最终实行统一货币的经济货币联盟，促进成员国经济和社会的均衡发展"，"通过实行共同外交和安全政策，在国际舞台上弘扬联盟的个性"。

财富小百科

　　假日期间,各大商场的打折、返券、买一送一的促销宣传是否早已让你心动不已了呢? 各大旅行社推出的特色游是否也已让你跃跃欲试? 各大超市推出的商品促销是否已经让你眼花缭乱? 那么接下来我们将让你体会到什么是真正的假日消费学问,让你对商家所谓的节日回馈,对症下药,避免上当、吃亏,做一个聪明的消费者。

　　一到节假日,各种媒体关于商场打折优惠、购物返券、买一送一的促销宣传就会铺天盖地而来,怎样识别广告的真伪变成了消费者首要解决的难题,一不小心就会掉进商家设下的陷阱里。所以,作为消费者首先必须保持理性的消费心态,不要一时冲动昏了头脑,要对商家提出来的返券、送礼品等活动的详细信息做一个深入的了解。

第一节 为什么成立欧盟

在国际政治中，特别是在东方，国家主权往往被视为"神圣不可侵犯"，但欧盟却反其道而行之，其成员国将货币、经贸、边境管理、立法等诸多传统意义上"神圣不可侵犯"的主权权力转给了欧盟，个中原因是什么？套用一个老生常谈的词语就是为了"和平与发展"。

第二次世界大战结束后，欧洲的精英们一直在思考：为何两次世界大战都起源于欧洲，如何让战争不再发生？

1950年5月9日，时任法国外长罗伯特·舒曼提出一个震动欧洲的建议："兹建议法、德联合生产煤和钢并置之于一个共同的'高级机构'下面，而在此框架将随后向其他欧洲国家开放。"这个有些"拗口"的建议就是欧盟的前身"欧洲煤钢联盟"的起点，当然也是欧洲一体化的起点。

这个建议最初的出发点就是防止战争。在历史上，欧洲大陆两大国法国和德国之间战争不断，且是两次世界大战中的"死对头"，通过煤钢联营可以将两国捆绑在一起，你中有我，我中有你，合为一体，在经济上

【走近欧盟】

1986年，盟旗正式使用时，成员国恰好12个，数字的对应纯属偶然。目前欧洲联盟使用的这面"蓝天金星旗"，原本是欧洲理事会（Council of Europe）自1955年开始使用的会旗。欧洲会议于1986年决定，沿用这张"蓝天金星旗"作为欧洲联盟的旗帜。旗子的底色为深蓝，中间为一个"十二颗五角金星环成一圈"的图案。

"成为一家人",从而让战争无法打起来。正如《舒曼宣言》所言,煤钢联营将使"任何法、德之间的战争不仅无法想象,而且在物质上不可能"。

此后,欧洲人将《舒曼宣言》付之实施,一系列支柱性条约如《巴黎条约》、《罗马条约》、《马斯特里赫特条约》、《阿姆斯特丹条约》、《尼斯条约》、《里斯本条约》等先后签署,欧洲人一步一个脚印,从"欧洲煤钢联盟"到"欧共体"再到"欧盟"。从创始6国发展到如今的27国,欧盟如今涵盖430多万平方公里,域内有5亿多人口,其经济实力超过美国、世界第一,世人莫敢小觑。欧盟也从最初的"防止战争"这一目的不断拓展,如今更侧重于如何推动欧洲的平衡发展和进步。无数的教科书和论文阐述了其中的演变进程,在此不再赘述。

舒曼的建议是伟大的,欧盟把《舒曼宣言》的发表日——5月9日定为自己的生日"欧洲日",舒曼也被誉为"欧盟之父"。如今,你若前往布鲁塞尔游览,会在欧盟机构附近看到"舒曼广场",看到"舒曼塑像",在欧盟委员会大楼外看到"舒曼纪念碑"。这是一种最好的纪念。

当然,欧盟成立还有一个意识形态上的原因就是欧洲人的统

一之梦。两千多年前的罗马帝国以及后来的"神圣罗马帝国"都曾统一了西欧,欧洲的精英们一直都有一个"梦回罗马"的情结。这就是为什么《罗马条约》和最具野心的《欧盟宪法条约》专门选择在罗马签署。

第二节　让人迷糊的欧盟机构

"若有急事找欧盟,我把电话打给谁?"这是美国前国务卿基辛格曾经调侃欧盟的一句话。的确,欧盟机构设置复杂,其职权规定含糊,不要说外人,有时候连欧盟官员自己也搞不清。不过,总体上欧盟机构及行政设置大致走向一个逐渐明晰的道路。

类似于一个主权国家,欧盟如今设立有"总统"——欧洲理事会主席、"国务院"——欧盟委员会、欧洲议会和欧洲法院。与主权国家不同的是,它多了一个集体决策机构——"欧盟理事会",即成员国部长或代表开会进行决策的机制。

欧洲理事会是欧盟成员国国家元首或政府首脑会议,是欧盟的最高决策机构,一般媒体报道时称之为"欧盟峰会"或"欧盟首脑会议"。欧盟理事会会议原来是各成员国领导人"轮流当庄"主持,一般一年 4 次,自2010年后才根据《里斯本条约》设立固定的"主席",并设立常设机构。

目前的"总统"范龙佩主要起协调作用，他并无决策权，欧盟重大决策还是法国、德国、英国等欧盟大国主导，"总统"的权威性还有待拓展，目前连范龙佩的办公大楼都还在建设之中。而且，这个"总统"能动员的资源有限，只有一个20人的"总统办公室"帮其打理所有事务。

欧盟部长理事会是欧盟内部核心决策机制，在布鲁塞尔设有秘书处，负责欧盟部长级理事会的事务性工作。

欧盟委员会是欧洲联盟的常设机构和执行机构，相当于欧盟的"国务院"。因此，在我看来，港台地区把其翻译为"欧盟执委会"更为贴切。欧盟委员会主席相当于"总理"，目前是葡萄牙人巴罗佐担任，其内阁目前共有27名"阁员"——欧盟委员会委员，一国一名。不过，到2014年本届任满，欧盟委员会将"精兵简政"，减为15名委员。到时候，这15个委员名额在27国之间怎么分，肯定要扯皮。

欧盟委员会负责实施欧洲联盟条约和欧盟部长理事会做出的决策，向理事会和欧洲议会提出报告和立法动议，处理联盟的日常事务，代表欧盟对外联系和进行贸易等方面的谈判等。但在欧盟实施共同外交和安全政策范围内，只有建议权和参与权。

委员会下设37个总司或专门的服务处，总司下设有处室。无论是总司还是处室，总体比中国各部委级别要高一些，不过，在外交上一般认为总司长相当于副部级。与中国相关的有两大总司，一个是对外关系总司，另一个是对外贸易总司。两个总司里各有一个中国处，专门处理涉华事务。近年来，欧盟注重对华关系，陆续招纳熟悉中国事务的"中国女婿"和外籍中国人为官员、职员（另见本书《欧盟总部的"中国女婿"》）。我在布鲁塞尔时，与这两个处的官员打交道稍微多一些。

欧盟委员会主席人选由欧盟各成员国政府征询欧洲议会意见后共同提名，欧盟委员会其他委员人选由各成员国与欧盟委员会主席协商提议。按此方式提名的欧盟委员会主席和其他委员需一起经欧洲议会表决同意后，由欧盟成员国政府共同任命。

欧洲议会是欧盟唯一的民选机构，目前有736名议员，任期五年，目前这届到2014年期满。议员席位按成员国人口多少进行比例分配，最少的是马耳他，只有5名；最多是德国，有99名。总部在法国斯特拉斯堡，其秘书处在卢森堡，布鲁塞尔有常设机构。一月一次的全会在斯特拉斯堡举行。欧洲议会的权力正在不断扩大，具有预算、人事、法令的最终批准权。欧洲议会里有七大党团，

> **【走近欧盟】**
>
> 　欧盟的盟歌：贝多芬第九交响曲中的《欢乐颂》。欧盟的铭言："多元一体。"欧洲日：每年的5月9日。

人民党和社会党分别占有第一、第二把交椅,议长也就由两个党团轮流当,一任两年半。

位于卢森堡的欧洲法院包括初审法院和最高法院,最高法院中设立11名法官组成的大审判庭,负责对欧共体法的解释和执行,但无权审理涉及外交和安全领域的案件。近年来,中欧贸易纠纷不断,许多中国企业也开始踏进欧洲法院大门,开始和欧洲同行们对簿公堂。

欧盟另外还有相对独立的欧洲中央银行、欧洲投资银行、欧洲审计院等机构,另外还有经济和社会委员会、区域发展委员会等咨询机构。

欧盟这几个高官之间的职权到底怎么划分?《里斯本条约》的规定有些"晦涩"和"模糊",很多时候要靠"事在人为"。乌克兰驻欧盟大使Andriy Veselovsky曾有一个非常"通俗"的解释:"欧盟委员会主席类似于一个政府首脑,欧洲理事会主席是一个战略家,共同外交和安全事务高级代表专攻'双边关系',而欧洲议会议长

负责为欧盟的价值观发声。"这个解释虽不全面，但生动易懂，容易为人接受。

在实际操作上，欧盟决策主要有三层：一是欧盟首脑会议；二是欧盟部长理事会，包括外长理事会、财长与经济部长理事会、环境部长理事会等等，它是欧盟的核心决策机制；第三层是常驻代表委员会（COPPER），它由各成员国驻欧盟大使组成，很多具体事务性、技术性的磋商和谈判在这里举行，一些非重大的决策，如反倾销案，均在这个层次就投票表决拍板了。在外交与安全方面，欧盟的原则是"一致通过"，其他事项一般是遵循"有效多数表决机制"。

欧盟的立法程序一般是：欧盟委员会提出立法建议，提交给各成员国在部长理事会中进行讨论，达成一致后交欧洲议会进行三读再表决，通过后再让部长理事会批准方正式施行。

欧盟成员国要否决欧盟委员会提出的一项动议，需要超过半数的成员国反对，弃权算作支持。我记得，最典型的例子是"中国皮鞋倾销案"。2006年10月4日，欧盟25国驻欧盟大使以微弱优势投票通过了对中国和越南产皮鞋的正式反倾销方案。此次表决，欧盟25国只有9票支持，反对票高达12票，4张弃权票算支持，在反对票比真正的支持票多3张的情况下通过。虽然看起来滑稽，但却是欧盟的规则。

这就是为什么欧盟委员会是欧盟总部机构中最有实权的机构，尤其是在经济贸易方面。

【走近欧盟】

欧盟委员会日前斥资31.5万英镑，相当于320万人民币设计了新的欧盟logo，引起巨大的争议；英国就有议员批评，如果不注意观察，新设计的欧盟logo看上去和原来的没有什么区别，何况欧盟现在面临许多经济问题，其举动可说是非常浪费。对此欧盟委员会官方解释说真的不太贵。

第三节　让人眼馋的"高工资"

　　到欧盟各成员国出差,和当地人一聊起欧盟,人们的第一反应是"高工资",而且对此颇有怨言,极端的人甚至说是"光拿钱不干活"。

　　我们先来看看欧盟高官们到底拿多少钱? 在欧盟总部几大机构里,欧盟委员会主席巴罗佐和欧洲理事会主席范龙佩的工资最高,他们的年薪约为30万欧元(约合人民币300万元)。在全世界领导人里,这个标准也算高的。要知道,德国总理默克尔的年薪只有25万多欧元。

　　不过,和默克尔等国家或政府领导人不同的是,欧盟并不为欧盟委员会主席安排官邸,巴罗佐就在布鲁塞尔租住了一栋别墅。不过,巴罗佐因此每年可以领取5万欧元住房补贴和娱乐补贴。

　　欧盟委员会委员,也就是巴罗佐的"内阁成员"的收入构成也相似,大致分为三块——工资、住房补贴和"娱乐补贴"。欧盟委员会委员的标准工资是每月19909欧元,外加工资15%的住房补贴和607欧元的"娱乐补贴",后者可以用来就餐和买鲜花、笔之类的小礼品。欧盟委员会副主席的月工资超过2.2万欧元,其"娱乐补贴"为911.38欧元。

【走近欧盟】

　　英国《每日邮报》报道,新的欧盟logo只在旗帜四周围插入了简单的线条,就要花费11万英镑;再加上该标志取代了原本欧盟委员会使用的各标志,又花了21.5万英镑。

更让人眼馋的是，欧盟委员会委员离任后，平均每人可得到总额超过100万欧元的退休金、"过渡期补贴"和"搬家补贴"。当然，这笔钱的多少与其在欧盟委员会任职长短相关。对于巴罗佐来说，离任后三年内，他每年还能得到19万欧元的"过渡期补贴"。得益最多的是欧盟委员会副主席兼交通委员 Margot Wallstrom，由于

她从1999年开始担任欧盟委员会委员，一家媒体算过，她在2010年离任时，可以得到总额约为180万欧元的退休金和相关补贴。

　　有媒体算了一笔账，在巴罗佐内阁一届5年任期中，所有27名欧盟委员会委员的工资、退休金和各种补贴加起来会达到7000万欧元之巨，相当于人民币约7亿元。仅仅退休金一项的总额就达到3300万欧元。难怪，一家名为"Open Europe"的组织公开指责说：

"很难想象，这些委员的工资收入甚至可以与美国总统奥巴马相当，这是一大讽刺。这些钱都是由欧盟纳税人埋单。"顺便提一下，奥巴马的工资大约是每年40万美元，由于美元和欧元汇率变动较大，但一般相当于20多万欧元。

除了工资，欧盟官员们的出差花费也颇可观。《欧盟观察家》网站就曾公开抱怨，欧盟委员会2009年的出差费"太多了"，总共有400万欧元，其中350多万欧元用于出差费用，另外50万欧元用于宴会和外交礼品等花费。2009年，欧盟委员会主席巴罗佐一共外出访问66次，其中11次是到访欧盟区外国家，花了近70万欧元。对此，欧盟委员会发言人辩解说："花钱多是因为巴罗佐出访次数多，而且欧盟委员会和国家政府不同，并没有专机。"

2010年开始，欧盟有了一个新职位"总统"，即欧洲理事会主席。为了这个"总统"的待遇，欧盟内部协商了很长时间，最终确定的原则是其待遇"参照欧盟委员会主席"执行，以免"引起两大人物之间的攀比"。这样，欧盟新"总统"范龙佩月工资标准和巴罗佐一样，即欧盟总部机构公务员最高工资的138%，即每月24874.62欧元，年薪30万欧元左右，另外还有住房补贴等其他补助。另外，范龙佩配有20人左右的助理和秘书人员，由欧盟财政支付，另有豪华专车，但没有私人专机和官邸，怕"太具象征意义"。

相比之下，欧洲议会就比较惨。在2009年以前，欧洲议会议员的工资一直参照各成员国国会议员标准，由各成员国支付。这种做法为欧洲议会议员广为诟病,因为这会造成一种"同工不同酬"现象。打个比方,一个来自意大利的欧洲议会议员每月工资为1万欧元左右,而东欧"穷国"匈牙利的欧洲议员每月不到1000欧元。欧洲议会为此"吵"了几十年,但欧盟成员国一直"不买账",一直到2008年才终于解决这个问题。

按照欧盟达成的新规则,欧洲议会议员从2009年7月开始基本实现"同工同酬",改由欧盟财政支付。比如,2011年欧洲议会议员每月工资税前为7956.87欧元,税后6200.72欧元,其标准是欧洲法院法官的。不过,这个新规则还留有一个"老人老办法,新人新办法"的尾巴,那就是"凡是2009年前就是欧洲议会议员的,他们可以选择参照原标准执行。"这就照顾到意大利等国家的议员。

不过,议员们各种补贴繁多,所以算起来收入颇丰。

——"一般花费补贴",包括选举办公室管理费、电话费和邮寄费、电信费、暖气费。2011年,这些补贴加起来每月有4299欧元。

——交通补贴。由于欧洲议会机构分隔在布鲁塞尔和法国斯特拉斯堡两处,议员们要经常来回跑,因而欧洲议会会报销议员们出席欧洲议会全会、各种专门委员会会议、政治团体会议的交通费,包括飞机商务舱票和火车一等车厢票,若是乘小汽车则1公里补贴0.5欧元外加路桥费。在这个新规定出台前,欧洲议会曾经爆出丑闻,许多议员乱报差旅费,一度被欧洲媒体怒骂。

——住宿补贴。议员出席各种公务会议,在欧盟区内享有每天住宿和早餐补贴304欧元,欧盟区外为152欧元。

——回国补贴。欧洲议会议员要经常回成员国出席各种活动,欧盟也会给补贴,2010年,这笔补贴是4243欧元。

——办公室补贴。议员可以雇佣几名助手、秘书以及研究咨询费用,2011年的最高总额度是每月19709欧元,由欧洲议会财政直接给付给这些人员。这笔钱的四分之一可以由议员本人决定给付对象,比如支付某个咨询研究机构。这些人员不视为欧盟机构的永久雇员,但议员不能从自己家人或亲戚中挑选人员做自己的助手或秘书。

欧洲议会议员们从63岁开始就可以享受养老金,其标准是每做一年欧洲议会议员就获得其工资的,积年累加,但以工资的70%封顶。

最后说说欧盟机构里各类工作人员的工资。欧盟工作人员主要分为四类:"官员"、"行政及助理",这两类属于"永久雇员";另外还有"合同聘任人员"和"临时聘任人员"。这些人的工资有一套复杂的级别和档位设置,差距极大。比如,"官员类"分为16个等级,每个等级又根据工龄分为三到五档不等。最低的一级一档每月2654.17欧元,最高的十六级三档为18370.84欧元。我熟悉的一个相当于处长级别的欧盟官员,其工资定在十二级,每月基本工资超过1万欧元。另外,只有欧盟委员会各大总司的总司长才能拿到最高的十六级工资。

凭良心说,欧盟职员的工资收入与成员国相比,的确很高。比如,经济总量占欧盟三分之一的德国,其就业人口人均税前工资收入才2700多欧元,只与官员类的最低级相当。不过,我熟悉的欧盟官员马尔科总是向我强调,欧盟花费与其推动欧洲发展相比,"非常小"。他甚至指出:"像伦敦和北京这样的大城市,其财政支出肯定比欧盟大。"

而且,欧盟员工的录取、聘用、晋

【走近欧盟】

在第二次世界大战后欧洲统一思潮进入高潮。1946年9月,英国首相丘吉尔曾提议建立"欧洲合众国"。1950年5月9日,法国外长罗伯特·舒曼提出欧洲煤钢共同体计划(即舒曼计划),旨在约束德国。1951年4月18日,法、意、联邦德国、荷、比、卢六国签订了为期50年的《关于建立欧洲煤钢共同体的条约》(又称《巴黎条约》)。

升、休假、出差、财产申报等有着一系列严格规定和惩罚措施，也有自己的"纪委"监督。我看到，欧盟委员会的"员工规范"厚达188页。

当然，欧盟三大机构在布鲁塞尔的人员超过3万多人，加上各国使领馆官员，都是高收入人群，这使得布鲁塞尔的房价和物价逐年上涨。特别是2004年欧盟最大一次扩大之后，欧盟官员、议员和职员大幅度增加，仅欧盟委员会6年来就从东欧新成员国新雇佣了4000多人，我也听到一些当地民众对此颇有怨言。记得我在比利时的时候，当地一个商店营业员月工资税前才1200多欧元，与欧盟工作人员之间差距太大了。

既然欧盟工作收入这么高，很多人势必会跃跃欲试，但中国读者肯定没戏，因为欧盟的职位只对欧盟成员国开放，而且考试难度颇高。不过，欧盟里中文人才倒是稀缺，最有可能应聘是"高翻"这一临时工作。有一次薄熙来访问欧盟，欧盟方面就从英国请来一位中国女士做同声传译。这位女士告诉我："从离开家门就开始算钱。"收入应该不错，呵呵。

第四节　欧盟机构是啥样

　　到布鲁塞尔游览的游客一般都会到欧盟总部所在的"欧盟区"去看看。这里紧靠著名的五十年宫公园,很远就能看到19世纪时比利时王室为纪念比利时建国50周年所建的凯旋门,远比柏林的勃兰登堡门高大气派。五十年宫公园毗邻一个交通环岛,被称为"舒曼广场",欧盟委员会、欧盟理事会秘书处和在建的欧洲理事会秘书处大楼都在这个环岛周围,其中最气派的就属欧盟委员会那栋13层(相当于国内14层)的X形大楼,名为"贝勒蒙大楼"(Berlaymont),是欧盟总部的标志。顺便说一句,欧洲人不崇尚高楼大厦,很少能看到超过20层以上的摩天大楼。

　　这栋大楼建于1960年代,呈"X"形,四个翼展开,既保证了采光,又很实用,非常现代时尚。楼外表安装有电动玻璃帘幕,可根据阳光的角度和强弱自动调节,保证了内部采光、节能并避免对外反射。因此,我经常看到,大楼外立面阳光照射的部分和阴影部分其玻璃帘幕打开的角度不一样。
整栋大楼有24万平方米，由42部电梯和12
部电动扶梯相连，可容纳3000人办公。地
下5层，大部分是车库，有1100多个车位。

上世纪90年代初，由于发现这栋楼
原来装修材料里含有石棉等对人体有害
物质，欧盟委员会于1991年搬出这栋大
楼，重新装修前后花了13年，欧盟委员会
直到2004年11月份才搬回原楼。

【走近欧盟】

1955年6月1日，参加欧洲煤钢共
同体的六国外长在意大利墨西拿举
行会议，建议将煤钢共同体的原则
推广到其他经济领域，并建立共同
市场。1957年3月25日，六国外长在罗
马签订了建立欧洲经济共同体与欧
洲原子能共同体的两个条约，即《罗
马条约》，于1958年1月1日生效。

我在布鲁塞尔时注意到，大楼的装修可谓"三天打鱼，两天晒
网"，节假日停工更不用说。在欧盟委员会搬家前，我调侃地对一
名欧盟委员会官员说："13年，你知道13年中国能干什么吗？上海
13年内建起了可与纽约媲美的浦东新区。"这名官员耸耸肩，自我
解嘲道："那是在中国，这是在比利时。"

走进大楼,空旷的感觉犹如到了机场。安检后就走向分隔开的两部分:一部分是媒体开放区,另一部分是办公区。记者凭记者证可以自由进出媒体开放区,坐自动扶梯下去到地下一层有一个硕大的新闻发布厅,每个工作日中午12点,欧盟委员会的新闻发布会在这里举行。0层(也就是中国的一层)那里有一个酒吧可以喝喝咖啡、聊聊天,其背后有电梯,直通几十名新闻发言人的办公层。

2007年6月,我与欧盟委员会秘书处联系,安排我们组织的一个记者团全面参观了这栋大楼,包括到工作区参观。欧盟委员会主席巴罗佐的办公室安排的顶层十三层(相当于中国十四层),巴罗佐在自己办公室外的走廊里摆了很多葡萄牙艺术品,显得很有情调。其他委员也在这栋楼里上班。十三层还有一个蛋形"内阁会议室",供巴罗佐召集其他委员开"碰头会"。巴罗佐的私人餐厅很宽敞,可以用来宴请国外领导人,甚至配有4个同传席位。

办公室的分配也"论资排辈",巴罗佐阁员的办公室为75平方米左右,而总司长的办公室则大约为59平方米。我去过当时对外关系委员瓦尔德纳女士的办公室,感觉宽敞明亮,一进门是秘书的办公室,拐进去才是瓦尔德纳女士的办公室。除了阔绰的老板桌和黑皮椅,里面还有一个会议桌和由沙发围成的会客区。

大楼里还有诸多大大小小的会议室,另外还有电视制作室和演播室,供媒体免费使用,0层是一个能容纳900多人同时就餐的餐厅和咖啡厅。

为了让民众更好地了解欧

【走近欧盟】

1965年4月8日,六国签订了《布鲁塞尔条约》,决定将欧洲煤钢共同体、欧洲原子能共同体和欧洲经济共同体统一起来,统称欧洲共同体。条约于1967年7月1日生效,欧洲共同体正式成立。欧共体总部设在比利时布鲁塞尔。1991年12月11日,欧共体马斯特里赫特首脑会议通过了建立"欧洲经济货币联盟"和"欧洲政治联盟"的《欧洲联盟条约》(通称马斯特里赫特条约,简称"马约")。

盟,欧盟机构一般每年都在"欧洲日"前后举行"开放日"活动。每逢开放日,是布鲁塞尔欧盟区一年中最热闹的日子。下面是2007年欧盟开放日那天我的记述:

上午10时许,欧盟总部三大机构——欧盟委员会、欧盟理事会和欧洲议会的门前已经排起了长队,音乐声、喧闹声和孩子们的笑声响彻"欧洲的心脏"舒曼广场的上空。

【走近欧盟】

1992年2月7日,各国外长正式签署马约。经欧共体各成员国批准,马约于1993年11月1日正式生效,欧共体开始向欧洲联盟过渡。1993年11月1日"马约"正式生效,欧共体更名为欧盟。这标志着欧共体从经济实体向经济政治实体过渡。

跟随人潮来到欧盟理事会,记者看到操各种语言的向导带领着民众参观新闻发布厅、外宾接待门厅,当然更少不了那间呈六边形布局的欧盟峰会会议厅——来自欧盟二十七国的领袖们每年起码要在这里开4次峰会。

在欧盟委员会,各总司根据分管的领域向民众推介自己。做得最生动的可能要算农业总司的了——他们不仅把牛、马、羊、猪

牵到了欧盟委员会大楼门口,还不时向游人分发苹果、胡萝卜等农产品。科研总司也不示弱,一辆只有平常轿车一半宽的概念车被摆在舒曼广场不远的地方。工作人员告诉记者,其研发经费大部分来自欧盟。

在欧洲议会,各大党团各出奇招吸引游客,包括分发小礼品、有奖问答,顺便搭上印有各自主张的宣传册。熟悉欧洲机构的人都明白议会礼品多的奥妙——欧盟预算最终要议会点头。让我诧异的是,一些T恤、钥匙链等小礼品居然是"中国制造"。

各成员国旅游推广部门、艺术家、歌手们也来凑热闹。在连接欧盟理事会与欧洲议会长约1华里的街道边,油画、雕塑品、地方特产琳琅满目;包括披头士(Beatles)在内的摇滚乐队在议会公园里和欧盟委员会大楼外大展歌喉。

欧盟"开放日"更是孩子们的节日。各机构的摊位大都发放孩子们看得心痒痒的气球、笔和各种小玩意,一些工作人员会为孩子们画动物脸谱,欧盟委员会门外和议会公园里设有巨型充气游

乐场。看样子,这些机构要让欧洲人从孩童时代就对欧盟留下深刻印象。

这里必须要说说欧洲议会,它在布鲁塞尔和法国斯特拉斯堡都有办公大楼,全会在斯特拉斯堡开,布鲁塞尔举行一些小型会议或专门委员会会议。这无形中当然是资源浪费,因此将欧洲议会全部搬回布鲁塞尔的呼声一直不断,但由于法国的反对,一直"依循旧例"。想想也是,一月一次全会让数千人云集斯特拉斯堡一周时间,势必会极大地刺激这个城市的消费。记得我去报道过几次全会,一般在城内找不到合适的宾馆,只好到莱茵河对岸的德国住宿。

顺便说一下,由于欧盟的发展不是一蹴而就,而是走一步看一步,所以欧盟总部和比利时方面放弃了曾经有人提出的建设"欧盟之城"的总体规划,如今欧盟机构分布得有些分散,有些可惜。

> 【走近欧盟】
>
> 1995年,奥地利、瑞典和芬兰加入,使欧盟成员国扩大到15个。欧盟成立后,经济快速发展,1995年至2000年间经济增速达3%,人均国内生产总值由1997年的1.9万美元上升到1999年的2.06万美元。欧盟的经济总量从1993年的约6.7万亿美元增长到2002年的近10万亿美元。

第五节　欧盟要建"和谐社会"

欧盟走到今天,它的使命早就超越了"避免战争"这一个层次,欧盟已经成为一个人类历史上从未有过的超越主权的区域联盟。在权力分配上,欧盟与成员国的权力根据各种条约规定可分为三类:欧盟"独享权力",包括关税政策、货币政策、共同贸易政策和共同渔业政策中涉及生物多样性和环境保护的部分;另外两块是"分享权力"部分和"辅助支持权力"部分。

欧盟发展到今天,其典型特点有:区内形成一个单一市场,相关法律在欧盟区内是统一的;大部分成员国(申根区)不再有边界控制,简单说就是不要签证,也不用过关查护照;实现了人员、货物、服务和金融的自由流通;建立了四大共同政策,即贸易、农业、渔业和区域发展;1999年开始建立了货币联盟即欧元区,目前已经涵盖17个成员国;建立了共同外交与安全政策,在对外关系方面发出了有限度的"同一声音",在包括中国在内的许多国家和地区建立了使团,在联合国、世界贸易组织等多边组织中派驻代表,欧盟领导人出席G8和G20等多边峰会。

总而言之一句话,欧盟是享有一定主权权力的区域国家间组织,其对内使命是推动欧盟整体社会经济更加进步,继续领先全球;对外使命是争取欧盟整体利益,扩大在国际舞台上的声音和分量。

欧盟各成员国社会经济发展不平衡是欧盟最关注的问题，尤其是欧盟东扩以后，其新成员国与老成员国之间的经济社会发展水平和当地人的生活水平相差较大。这从各国的最低工资水平可以直观地看出。

比如，2011年1月份，东欧新成员保加利亚和波兰的最低月工资标准分别只有123欧元和349欧元，南欧老成员葡萄牙和希腊各为566欧元和863欧元，而同期英国的最低月工资标准达到1139欧元。最富的卢森堡为1758欧元，是保加利亚的14倍以上，一个月抵得上一年还要出头。

按照欧盟提供的2007年的数字，欧盟最穷的地方之一保加利亚的Severozapaden地区年人均收入按购买力计算为6400欧元，而英国金融中心伦敦内城高达83200欧元，前者只有欧盟27国平均水平的26%，而后者为平均水平的334%。

为了实现其对内使命，欧盟采取的办法是类似于我们中国的"西部大开放"、"中部崛起"之类的战略，让发展落后的东欧、南欧、巴尔干跟上来，从而在欧洲建设一个"和谐社会"。

欧盟对落后地区的财力支持、缩小贫富差距的努力从其怎么花钱投入就可以看出。在2007—2013年财政年度，欧盟的总预算是8643亿欧元，占欧盟二十七国国民收入的。若把欧盟总预算看做一个"大蛋糕"，那么这个"蛋糕"是怎么分的呢？这从2010年的财政支出可以看出端倪。这一年，欧盟总预算支出是

1415亿欧元,最大的一块就是用于落后地区的"区域发展提高竞争力",占到总支出的大约45%;其次是农业,占31%;再次是乡村发展、环保和渔业,占11%。相比之下,其行政支出只占6%。换句话说,欧盟直接或间接用于支持落后地区发展和环保的投入占到其总预算"蛋糕"的87%。

国际媒体关注较多的是贸易摩擦、债务危机和对外关系这一块,对欧盟投入心血和资源最多一块的关注反而不多。其实,东欧国家为何对加入欧盟趋之若鹜,除了政治上的原因以外,最直接、最实际的原因是能从欧盟拿到大笔资金,主要就是盯住区域发展政策和农业政策这两块。

按照欧盟规定,成员国按照其国民收入的左右的比例(每个财政年度不一)交钱给欧盟预算,欧盟再按照各种政策将资金反补各个成员国,获益最多的是欠发达地区和农业区。因此,欧盟新成员国每到年终都会算账,往往会兴高采烈地向民众宣布"今年从欧盟拉来多少亿欧元"之类。比如,2009年波兰一进一出从欧盟净拿来64.9亿欧元的资金。最"冤"的是德国,这一年一进一出净贡献给欧盟财政81.2亿欧元。

我在布鲁塞尔时,曾经专访过当时分管区域发展事务的委员塔努塔·许布纳,中国和欧盟由于都存在地区发展不平衡问题,因而互相有经验交流。许布纳介绍说,欧盟从建立之初就把区域发展政策视为其支柱政策之一,主要通过注入资金方式帮助欠发达地区的发展。

欧盟通过设立"结构基金"和"团结基金"支持其"区域发展政策"。比如,为了促进新加入欧盟的捷克的发展,捷克拟建设连接其首都布拉格与德国首都柏林的高速公路,通过一系列评审,欧盟会投入资金予以支持。和中国类似,欧盟财政支援某个项目,需要成员国地方政府提供"配套资金",欧盟还会对有关项目进行审计。

许布纳告诉我,在2001—2006年,欧盟直接或间接用于区域政策的资金达2130亿欧元,占同期欧盟财政支出的三分之一强。2007—2013年间,欧盟用于区域发展的预算高达3080亿欧元,占到同期总预算的36%左右,是预算"蛋糕"中比例最高的一块。

再来说说农业这一块。欧盟共同农业政策(CAP)是欧盟年头最久的政策之一,也是欧盟核心目标之一,其目标是提高农产品价格,稳定食品供给市场、保障农民有较高生活水平。在上世纪90年代,共同农业政策曾经一度占到欧盟总财政支出的60%以上,如今依然占到35%,由于新成员国的加入而让位于上述的"区域发展政策"。

在共同农业政策上,欧盟主要有两大工具:一是农业补贴,二是市场干预。

在欧洲常驻时,我经常陪同国内朋友到荷兰去玩,一路上会经常看到牛羊点缀的青青牧场。当朋友们沉浸于田园牧歌式的美景之时,我往往会跟他们讲"三欧元补贴"的故事。简单说,就是荷兰牧民每养1头奶牛,每天可以从欧盟和荷兰政府那里领到"3欧元"的补贴。我开玩笑说,1头牛一个月下来的补贴就高达90欧元,大约相当于900元人民

【走近欧盟】

欧盟的会徽：1988年1月开始使用，会徽的底呈蓝色，上面12颗星围成一个圆圈，象征着欧共体12个成员国，圆圈中间为各成员国国名。这是大多数人们的看法，其实是误解，12颗星星代表的不是成员国数字，而是完美的象征，是圣母马利亚的象征。

币。于是，"宁做荷兰牛"成为一些朋友开玩笑的感慨。

当国内终于取消传承几千年的"皇粮"之时，我曾和一位名叫布利达的欧盟官员聊过农业问题。这位官员说，在人类进入工业化社会后，农业永远不能和工业、服务业、金融业竞争，农民在世界任何地方都"生活艰难"，政府必须得补贴，否则农民生活会在竞争中处于"弱势"。我很高兴，现在我们的政府终于意识到反哺农业的问题。

由于补贴，某个时候会造成农产品过量生产出现过剩，这时欧盟的"市场干预"政策会大显身手。欧盟会出来通过"最低保护价"的方式购买这些过剩农产品，以低于保护价的价格销售到国际市场上去，或者向农民提供补贴（欧盟保护价和国际市场价格之间的差价）让他们直接出口到国际市场。这套系统最为欧盟以外的经济体所诟病，特别是对发展中国家的农业冲击特别大。

为了解决这些问题，近年来欧盟也对农业补贴政策进行改革，将直接根据产量多少补贴转向直接按照农场面积大小进行补贴。这样的结果是，让市场决定各种农产品生产的多少，但与此同时不会大幅度降低农民的收入。我不知道，欧盟的这个经验是否可以为我国借鉴？我想，中国不也是在朝着这个理想迈进吗？

第六节　全世界唯一有纪律的货币

缘于2008年雷曼危机的国际金融危机,使欧盟的经济遭受了巨大的打击。尤其是北欧以金融立国的各个国家和新加入欧盟的中东欧各国,经济陷入了很大的混乱之中。

在这些国家引起很大混乱的最大原因是,虽然他们都加入了欧盟,但是还没有引进欧元作为本国的流通货币。

关于这个问题我会在后面叙述。但是可以看到,已经将本国流通货币改换为欧元的国家和继续使用原来货币的国家相比,混乱远没那么严重。

欧元本身也遭受了一时的卖空局面,但是在短时间内就恢复了,现在相对于美元欧元处于升值的趋势。

英国和瑞典作为欧盟成员国,完全有条件引入欧元,但却拘泥于自身的独立货币路线。在这次的金融危机中,毫无疑问两国一定都重新认识到了欧元的强势。

1998年欧元完成了作为流通货币的准备阶段,并从1999年1月4日开始以"1欧元:1.1789美元"的价格开始使用。只是,实际上以货币和纸币的形式成为本地流通货币是从

【走近欧盟】

欧盟现有27个成员国,人口5亿,GDP16.106万亿美元。欧盟的宗旨是"通过建立无内部边界的空间,加强经济、社会的协调发展和建立最终实行统一货币的经济货币联盟,促进成员国经济和社会的均衡发展","通过实行共同外交和安全政策,在国际舞台上弘扬联盟的个性"。

2002年开始的。

最初引入欧元的一两年内，外汇交易市场上的欧元价格呈下降趋势，对美元价格也下跌了30%左右。但是，发行纸币以后价格开始上升，从2003年到2004年，回到了和欧元开始使用时的比率，"1欧元=1美元"的状态。2004年12月的时候创造了当时的最高纪录1欧元=1.3633美元。

之后，欧元对美元呈现出了绝对的强势。

英镑和美元一样在一段时间内对欧元是强势的，但是同样从中途开始对欧元呈现贬值状态。

在2008年开始的世界经济危机的局面下，世界各种货币的情况又如何呢？

在这次危机中，除日本外，主要国家的金融机构，尤其欧美国家都遭受了巨大的打击。这样一来，日元对美元、日元对欧元的价格自然应呈上升趋势。

但是，只要观察汇率变化的实际情况就能发现，日元对

美元的价格走强，但是日元对欧元的价格变化幅度却控制在很小的范围之内。

虽然从2007年时的1欧元=160日元的情况来看日元是走高了，但即便如此，到现在2009年10月时也不过是1欧元=130日元左右。在欧元最初进入流通领域的时候，欧元对于日元的比率是"1欧元=100日元"，从那时的情况来看，如今欧元也还是比较强势的。

同样是陷入了经济危机，为何欧元就没有像美元那样跌落呢？

原因就是，欧元是全世界唯一有纪律的流通货币。

为了保持欧元的货币价值，欧盟向欧元区国家下达了各种各样的规定。1993年生效的《马斯特里赫特条约》规定了欧盟国家引入欧元时的标准，1997年生效的《稳定与增长公约》则规定引入欧元之后的各种限制。

【走近欧盟】

欧盟的盟旗是蓝色底上的十二星旗，普遍说法是因为欧盟一开始只有12个国家，代表了欧盟的开端。实际上这个十二星旗代表的是圣母马利亚的十二星冠，寓意圣母马利亚将永远保佑欧洲联盟。欧盟27国总面积432.2万平方公里。

在欧元区国家中有明确的纪律,各国引入欧元时必须满足一系列严格的条件。比如说"财政赤字占该国GDP(国内生产总值)的比重不超过3%"、"国债规模不能超过GDP的60%"。即便只是这两项严格条件,对日本来说也是完全无法满足的。

如果无法满足这些条件,就无法加入欧元区,因此以加入欧元区为目标的国家都在拼命努力。

另外,欧盟国家在引入欧元之后,也必须将本国的财政赤字控制在GDP的3%以下。如果违反这一规定,就会受到大金额的罚款处罚。

说实话,当初欧元区国家自身也没想到这些严格的规定能够得到遵守。

让我们来看看引入欧元之后,欧元区国家财政健康运行方面取得的令人惊叹的效果。

对比日本、美国和欧元区从1993年开始连续几年的财政赤字情况会发现,美国在近些年,财政赤字占GDP比例基本上以欧元引入标准的3%为中心上下波动。但是,因为奥巴马总统的大手笔,2009年弄不好恐怕会超过10%。政府公共债务与GDP的比重超过80%,有专家警告说这一比重可能会接近100%。1993年开始,日本只有一次达到过欧元的引入标准。财政赤字占GDP的比重很轻易地会达到7%~8%,如果再加上为了偿还旧的公债而发行的新的公债的话,那就是没有底的沼泽了。日本的累积公共债务占GDP比重岂止60%,甚至要达到166%,这是毫无"纪律"的表现。另一方面,欧元区的财政赤字在金融危机发生前夜基本上接近于零。

接下来,我们看一下欧元区各国的财政赤字情况。

芬兰、荷兰、塞浦路斯等国家以前都有财政赤字的负担,但是之后成功地实现了向财政盈余的转变。

在财政赤字方面曾经和日本旗鼓相当的意大利,在1993年时财政赤字超过了10%, 而2008年的时候财政赤字占GDP比重已经在3%以内了。

1993年的时候,意大利等国的通胀(物价上涨)率很高,财政赤字占GDP的比重也一直超过日本,当时根本没有人认为他们能够实现满足引入欧元的条件。

但是,在罗马诺·普罗迪首相(后来曾担任欧盟委员会主席)的带领下,意大利克服了通胀压力,消灭了财政赤字,最终达到加入欧元区的要求,成功地引入了欧元。这正是"欧元效应"。

像德国这样背负着东德这样一个巨大财政包袱的国家,

"欧元效应"也是很明显的,2008年的财政赤字停留在0.1%这样一个非常小的数字上。

像这样,在1993年时还背负着巨大财政包袱的各个国家以引入欧元为目标,通过不断的努力,使得国家的财政状况朝着健康的方向不断发展。

另一方面,美国此前继阿富汗战争之后又在伊拉克发动了战争,克林顿政权末期财政盈余的状况没过多久就变成了巨大赤字,如今奥巴马政权又编制了巨大的经济刺激计划预算,财政赤字将不断累加。

在日本,无论是中央政府还是地方政府都有巨大的累积债务,并且在持续增加中。作为例外,小泉政权时期提出的"将基础性财政收支(primary balance)盈余化"的方针减少了财政赤字,但是麻生政权完全抛弃了这个方针。政府的累积财政赤字在2008年末达到846万亿日元,占GDP的比重为166%,刷新了经济合作与发展组织(OECD)的最高纪录。

2009年,日本政府改由民主党执政,提出了一堆财源没有指望的大话诺言,如果全部都实行的话,会产生超过麻生政权时期更大的财政赤字。据说在民主党制定的2010年度预算中,赤字国债占GDP比重将达到10%之多。

另外,日本还有个特殊的情况,在正式的财政赤字之外,特殊法人(不在国会的预算审议对象之列)的预算特别会计每年就会有10万亿日元左右,因此,我们甚至无法将日本和其他国家做一正确的比较。

正是因为成员国都遵守财政纪律,欧元才被市场信赖。

【走近欧盟】

欧盟已经制定了一个单一市场,通过一个标准化的法律制度,其中适用于所有会员国,保证人,货物,服务和资本的迁徙自由。它保持了一个共同的贸易政策,包括农业和渔业政策和区域发展政策。15会员国已通过了一个共同的货币,欧元。在对外政策上,代表其成员在世界贸易组织,在八国集团首脑会议和在联合国的会议上发言,维护其成员国利益。

另一方面,在日本和美国,因为缺乏这种明确的纪律,执政者为追求民众的支持就会乱花钱。因此,日元和美元不被国际市场信任。

货币发行国家会在何种程度上遵守财政纪律?他们的区别体现在日元、美元、欧元各自的汇率上。

当我们对这些实际情况进行比较之后,谁都很清楚今后哪种货币会走强。

第七节　从美元向欧元的转变

当"欧元可以信任"成为世界市场相关人士的共识之后,在各国的外汇储备和国债发行货币中,正在静静地发生着"转向欧元"(Euro-shifi)的变化。

在各国央行的外汇储备中,美元曾一度超过了70%,但是,2007年的时候跌落至64%左右。

相反,欧元在正式发行之后外汇储备市场的占有率一个劲儿地上升,达到了27%。

日元在1990年前后,外汇储备市场的占有率曾接近10%,但是现在已跌落到了3%以下,已经到了不足以被称为储备货币的水平。

我们必须注意的一点是,各国央行在选择外汇储备货币时,政治性的判断无论如何是会发生作用的。

外汇储备较多的国家中,世界上排第一位的是中国,第二位的是日本。

这些国家的很多都用美元作为外汇储备。如果要把这些外汇储备转换成欧元,就会被美国政府仇视。而公开地将美元转换成欧元,美元和美国国债价格就会暴跌,而大量持有美元的这些国家

【走近欧盟】

2001年,欧盟已经体现的作用,在司法和内政事务方面,包括许多会员国之间根据申根协定取消护照管制。而且在某些领域,它取决于会员国之间的协议。不过,也有超国家机构,能够作出决定,而不管协议的成员。

就会承受巨大的损失。

另一方面,民营银行的各种货币储备量中,欧元与美元早在2003年时已经持平。在这里,日元所占比例也不足4%。相比起政治性的判断,民营银行会优先考虑自身的利益。如果想了解市场上货币的实力,可以认为从这里得到的数字能够对实际情况做出正确的判断。

另外,从公债和公司债发行所采用货币的情况来看,欧元已经超过了美元。购买公债和公司债是投资人,因为偿还期限是以10年为单位,所以他们喜欢购买财政纪律好、通胀可能性小的货币。因为可以预测的是,这样的货币在偿付时候其汇率会升高。这可以说是一个合适的先行指标。

即使只是看这样的倾向也能够做出以下判断:如果金融危机的风波能够平息的话,今后的趋势将是美元向欧元的转变。

另一方面,看一下进出口贸易的结算货币的情况就会发现,绝大多数还是以美元来结算的。这是美元至今仍被看成是主要货

【走近欧盟】

欧盟，包括欧洲委员会，欧洲议会，欧洲联盟理事会，欧洲理事会，欧洲法院的司法和欧洲中央银行。欧盟国家公民选出议会每五年一次。欧盟的起源，可追溯到欧洲煤钢共同体成立，其中6个国家在1951年和《罗马条约》于1957年。

币的一大原因。但是，这种美元结算的方式如今也在快速向欧元转变。

这其中最有可能成为代表的就是俄罗斯。

俄罗斯在对欧盟的原油与天然气交易中采取的姿态是："我们卖给你们石油和天然气，但是要用欧元来支付。要不就用卢布结算。美元我们不接受。"

美国政府暗地里对俄罗斯与中亚各国之间发生的能源资源问题进行干涉，理普京觉得这是最令人厌恶的事情。这应该是俄罗斯拒绝美元的原因之一。

但是，政治上的目的另当别论，在能源资源领域，欧元被越来越多的国家得到认可却是一个事实。

现在还完全以美元来结算的中东产油国，今后也会逐渐寻求以欧元来结算的吧。

可以说，这种变化在某种意义上是理所当然的。如果以GDP的大小来比较的话，欧元区的GDP早已经超过美国了。

第八节　新的主要货币的诞生

大约10年前，我用英文写过一本名为"新资本论"(Theinvisible continent，日文版题目"新资本论"，东洋经济新报社)的书。在其中名为"大西洋上的战斗"一章中，我预测了美元的结局。

当美元暴跌不止、完全不能控制的时候，拯救美元的办法只有一个：那就是美国政府只能放弃对汇率政策和金融政策的自主权，让美元跟欧元联动。结局是"美元附加在欧元上"。到那时，欧元和美元最终将成为同一货币。

《新资本论》中写道：发生在美元和欧元之间的漫长的大西洋战役的最后结果是，两种货币合为一体，变成比如说"Eullar"或者"Dollo"这样的名称。

曾经有一段时间，日元被称为是威胁美元霸权的货币。那是远在20世纪80年代的事情。

1997年我写这本《新资本论》的时候，日本提倡"在国际货币基金组织(IMF)之外，亚洲应另外建立一个自己的货币危机对策基金组织"，这被称作"AMF设想(宫泽设想)"。但是，被美国怒喝一声之后，这件事便只是停留在单纯的设想上，没有再进一步。

【走近欧盟】

2002年11月18日，欧盟十五国外长会议决定邀请塞浦路斯、匈牙利、捷克、爱沙尼亚、拉脱维亚、立陶宛、马耳他、波兰、斯洛伐克和斯洛文尼亚10个中东欧国家入盟。2003年4月16日，在希腊首都雅典举行的欧盟首脑会议上，上述十国正式签署入盟协议。

回首过去,那可能是日元成为国际货币一员的最后一次机会。错失了那次机会之后,如今日元成了谁都不予理睬的货币了。

如果今后的情况像我预测的那样,欧元吸收了美元,新的世界货币得以产生的话,接着要发生将是这个世界货币"Eullar"渐渐吸收其他货币的过程。

如果美元和欧元合为一体的话,作为结算货币的日元和人民币就会失去存在的意义了。

Eullar将在货币流通量中占据80%的比例,包括英国英镑、瑞士法郎、日元、人民币、印度卢比等在内的其余所有国家的货币全部加起来,也就能达到20%的水平。

差距拉开得如此之大,日元和人民币都很难维持独立的货币政策,很多发展中国家会把本国货币与Eullar联动,就像

　　2004年5月1日，10个国家正式成为欧盟的成员国。这是欧盟历史上的第五次扩大，也是规模最大的一次扩大。2007年1月，罗马尼亚和保加利亚两国加入欧盟，欧盟经历了6次扩大，成为一个涵盖27个国家总人口超过4.8亿的当今世界上经济实力最强、一体化程度最高的国家联合体。

现在和美元联动一样，不得不和欧盟各国加入同一个货币联盟。

　　只是，以日本现在的财政纪律想要单独与Eullar联动是很困难的事情。如果经常收支出现赤字的话，很快就会受到基金的攻击而被抛售，维持固定汇率就很困难了。日本想要"加入"以Eullar为中心的货币联盟，就必须致力于严格削减年度支出。

　　不管怎样，日元也好，人民币也好，卢比也好，最终都会被Eullar吞没，新的全世界共通的货币将会诞生。在《新资本论》我将其命名为"Globe"。这个世界货币"Globe"的基础当然就是其前身欧元了。

　　欧元的基础是德国马克。从德国马克诞生的欧元吸收了美元，成为下一个基础，并诞生了Eullar。接着，Eullar也成为基础，从而诞生了Globe。

　　从德国马克诞生的欧元早晚都会成为世界的中心。

第九节　亚洲共通货币能实现吗

实际上，这个故事还有另外一种展开形式。

中国的人民币、印度的卢比和日本的日元等相互间作为亚洲的货币，在他们一个个被Eullar吞没之前合为一体，成为一股能够对抗Eullar的新势力。

日本、中国、韩国与东南亚国家联盟(ASEAN)，也就是所谓的ASEAN+3，在2006年5月举行的财政部长集会上，对推进面向以促进亚洲地区贸易发展为目的的"区域货币单位"实用化的研究达成协议。

2000年，东盟十国加中日韩三国在泰国清迈举行的财政部长会议上通过了《清迈协议》。而上面所说的"区域货币单位"相关协议是对《清迈协议》进行扩充后得出的结论。

所谓区域货币单位是指在地区各国之间用于计算上的虚拟货币，并不是要创造纸币和货币进行流通。

创造货币单位的时候，因为亚洲各国在经济实力上有较大的差距，所以不能同等地对待各国货币，而是以加权平均来调整。也就是所谓的货币篮

【走近欧盟】

2003年7月，欧盟制宪筹备委员会全体会议就欧盟的盟旗、盟歌、铭言与庆典日等问题达成了一致。根据宪法草案：欧盟的盟旗仍为现行的蓝底和12颗黄星图案（这12颗星不代表12国，而是代表圣母马利亚的守护），盟歌为贝多芬第九交响曲中的《欢乐颂》，铭言为"多元一体"，5月9日为"欧洲日"。

子。这和欧元前身"ECU(欧洲货币单位)"
基于同一种构想。

欧盟前身EC(欧洲经济共同体)参考各
国经济规模、通胀率、经济增长率等因素、
对欧洲各国的货币进行加权平均,由此计
算出了虚拟货币ECU。

创建亚洲共通货币单位的想法在《新
资本论》中也提及了。

1997年亚洲金融危机发生已经过去了十几年,但是,对于外
汇市场上招致世界性危机的投机行为,亚洲仍未构建出任何具体
的措施。我的主张是,在今后可以预料到的美元与欧元之间的霸
权争夺战中,为了使亚洲各国的货币不至于变成对冲基金(一种
投资基金)的投机对象,亚洲必须创建共通货币。书中我把这个共
通货币命名为"ASEA"。

区域货币单位的设想是以建立共通的货币为目标，不是基金，在这一点上与东盟十国加中日韩三国曾提倡的亚洲货币基金设想有很大的区别。

但是，为了创建共通货币，必须在亚洲地区成立一个相当于ECB那样的金融机构。而这绝非易事。

另外，调整各国货币的发行量也是件困难的事情。

比如说，日本能够发行的货币数量和中国能够发行的货币数量大约控制在多大的比例？这些必须通盘考虑GDP、对通货膨胀的折扣率、经济增长率等各种各样的要素才能决定。在荷兰的马斯特里赫特，德洛尔、让·克劳德这些有识之士们曾聚在一起召开密集会议。有人会问，在如今的亚洲，果真能有主导此类会议的人物存在吗？

中国经济在不断发展，但是，对于经济发展的真实情况即便是中国政府也没有准确地把握。中国的经济统计方式与发达国家还不尽相同，而且经济本身还有很大一部分是地下形式的。通过香港等地进进出出的黑市资金也不容轻视。

并且，中国的人民币是由当局进行管理的管理货币。为了创建共通货币，首先必须将各国货币改成汇率浮动制。在亚洲，除中国以外，还有几个对美元汇率固定的管理货币存在。目前能做的是保留各国货币、以货币篮子的方式促进亚洲共同货币的产生，这至少要经历10年左右的时间。

观察欧元的引入过程可以发现，货币篮子ECU也被使用了相当长的时间。从提倡创设共通货币的《马斯特里赫特条约》的签署(1992年)到实际引入纸币和硬币(2002年)为止，这一过程正好用了10

【走近欧盟】

欧盟(The European Union)的前身是欧洲共同体（简称"欧共体"）。1951年4月18日，法国、联邦德国、意大利、荷兰、比利时和卢森堡六国在法国首都巴黎签署关于建立欧洲煤钢共同体条约（又称《巴黎条约》），1952年7月25日，欧洲煤钢共同体正式成立。

年时间。

同样在创立亚洲共通货币的时候，首先要将各国的管理货币转移至汇率浮动制，斟酌这些货币和其他主要货币之间的汇率，使其稳定在一定程度上，然后，分配与当时的经济规模相称的货币应得份额，来决定共通货币在各个国家的发行量。

【走近欧盟】

1957年3月25日，法国、联邦德国、意大利、荷兰、比利时和卢森堡六国在意大利首都罗马签署旨在建立欧洲经济共同体和欧洲原子能共同体的条约（又称《罗马条约》）。1958年1月1日，欧洲经济共同体和欧洲原子能共同体正式组建。

这期间，日本和中国以外的经济规模较小的国家相对来说说话分量就比较小，不能像现在这样坚持自己的立场。因此容易产生不满。

虽说如此，亚洲各国开始考虑互相之间的货币篮子也绝对不是徒劳无益的。在各国的汇率政策中，将会出现各个方面的变化吧。

现阶段，亚洲大部分国家的眼中只有和美元之间的交换汇率。各国中央银行的外汇储备也几乎都是美元。

货币篮子的计划会让亚洲各国逐渐意识到区域内交易的重要性,外汇储备中,日元、人民币、"台币"和韩元等货币所占的比例会逐渐升高。亚洲各国相互之间的区域内交易已经超过了50%,所有国家都用美元来进行结算,这样的状况本身已经不适应实际情况了。至今为止,谁都没有把这当回事,但是,一旦有人提出这个问题,即"为什么要借助美元呢"?便会出现像《皇帝的新衣》故事中的一样状况,大家都会连锁发出疑问。如此一来,美元可能会面临新的风险,这有可能成为导致美元暴跌的诱因。

要想使亚洲共通货币的构想取得成功,首先需要的是坚决排除美国干涉的决心。

如果货币篮子的构想能够落实的话,美元将会丧失至今为止在亚洲的不可动摇的主要货币地位。另外,在那之后如果亚洲共通货币的构想成立的话,对美国来说将是个更大的问题。因此,不用说对于亚洲创建共通货币的构想,连创建货

币篮子的构想美国也会加以反对，这一点毫无疑问。

还有一点值得提出的疑问是日本的决心。

在创建欧元的时候，当时欧盟内经济实力最强大的联邦德国承担了所有牺牲。考虑欧盟的事情之前联邦德国刚刚不得不去照顾民主德国，而为了达到引入欧元的条件——平衡财政，德国又被迫牺牲了国内的好景气。

相反，法国和西班牙却享受了经济增长的成果。希腊和葡萄牙这样的经济发展欠发达的国家则成为德国民众缴纳欧元税的受益者，经济发展取得了进步。

同样如此，要想在亚洲创立区域货币单位，在建立框架时对这一问题就不能避而不谈。那就是，日本要承担由此带来的牺牲，因为"noblesse Oblige(地位高则责任重)"。

因此，日本政府必须要说服国民。为什么需要亚洲共通货币？这需要有一位具有远见卓识和超凡领导力的政治家，不屈不挠地向国民诉说。

虽然民主党也曾谈到过东亚共同体和亚洲共通货币之类的话题，但是我并不认为这是在理解了欧盟和欧元的创业艰辛基础上所做的发言。另外，像欧洲中央银行总裁特里谢那样持续二十多年为欧盟和欧元献身贡献的人物，在当今日本也难觅踪影。

这样的情况不仅仅存在于日本，中国和韩国也不存在愿意为了亚洲而付出牺牲的政治氛围。

因此，虽然这么说实在对不起正在推进这个设想的各位当事人，但是我认为，即使可以创建亚洲区域货币单位，共通货币的设想最终是实现不

【走近欧盟】

1965年4月8日，法国、联邦德国、意大利、荷兰、比利时和卢森堡六国在比利时首都布鲁塞尔又签署《布鲁塞尔条约》，决定将欧洲煤钢共同体、欧洲经济共同体和欧洲原子能共同体合并，统称"欧洲共同体"。1967年7月1日，《布鲁塞尔条约》生效，欧共体正式诞生。

【走近欧盟】

1973年英国、丹麦和爱尔兰加入欧共体。1979年，第一次直接的、民主的选举，在欧洲议会举行。1981年希腊加入欧共体，成为欧共体第十个成员国。

了的。

因为在那之前，欧元已经称霸全世界了。

欧元之路真正开始于1993年《马斯特里赫特条约》的生效。

我也曾怀疑过，欧盟各国在现实中会在何种程度上遵守那些理念上先行的财政纪律。

但是，欧元区国家一致坚决遵守这些纪律，欧元经济的实力得以稳健提高。对这一点，我深感佩服。

无纪律的美元和日元会败给一直都老老实实遵守财政纪律的欧元，这一构图已是十分明显。

如果遵守财政纪律的国家而非在战争中胜利的国家最终成为世界经济的支柱的话，那将不得不说是人类历史上的第一次出现的壮举。

第十节　财富达人的理财之道

一、你不理财，财不理你

"你不理财，财不理你！"不管这句话被说得多烂，依旧是真理。美元在20世纪这100年里贬值到原来的1 / 54，也就是说2000年54美元的购买力才赶得上1900年的1美元。所以，不理财，只能坐吃山空，而且钱不仅要理，还要顺应时势，理得正确，理得高明。

"80后"的一代正是成长在改革开放之后的美好生活中，他们有着一定的金钱意识，却往往缺乏关键的理财意识。

如今，"80后"已经逐渐成长为社会发展的重要力量，我们在各个领域中都能看到优秀的"80后"身影，甚至有很多"80后"已经靠着自己的力量有了不错的事业和美好的家庭。然而，由于理财意识的缺乏，很多"80后"都成为了"月光族"，没有一点积蓄的他们，往往在遇到事情的时候显得束手无策。

因此，作为"80后"，树立理财意识、制定理财计划，已经是迫在眉睫的事情了。理财的关键就是要有正确的理财观念，要明确地告诉自己："我要从现在开始理财！"

实际上，随着收入的升高，"80后"的需求也在不断提升，买大房子、买好车、买名牌产品

> **【理财密码】**
>
> 　如果没有养成良好的消费习惯，钱再多，如果不能适当地理财，也会像流水一样付之东去。

的欲望也与日俱增,日子反而过得比以前更加拮据。所以,每个人都应该牢记"积少成多,聚沙成塔"的真理,永远不要认为自己无财可理,只要有经济收入就应该尝试开始理财。这样才能不断地给自己的财富大厦添砖加瓦。

二、什么是理财

顾名思义,理就是管理,财就是财富。换言之,就是使用科学、系统的方法有计划地对资金进行管理,从而使其能够合理安排、科学消费和使用,最终达到保值和增值的效果。

理财主要包括现金管理、资产管理、债务管理、风险管理和投资管理等几个方面,并一直以相辅相成的形式存在着。

只要做好这几方面的工作,要"80后"想要轻松理财的愿望就可以实现。

1.现金管理

现金管理就是对各项收支的经营和管理,几乎所有的理财行

为都需要现金流的参与，而且也涉及生活中的每个细节，因此现金管理是理财的基础，与此对应的现金管理工具包括众多的银行卡类业务。此外，对现金流量进行分析是理财规划的基础环节，更是分析理财行为和财务状况最有效的手段。

可以说，做好现金管理是"80后"进行理财规划的第一步。

2.资产管理

当人们的经济状况和生活水准达到一定的程度，会逐步积累一定的资产，这些资产往往会成为个人与家庭财富的重要组成部分，而对资产的有效管理自然也就成为理财的重心。

资产主要包括固定资产和流动资产。不论是固定资产还是流动资产，由于其资金占有率比较高，而且所涉及的行业复杂程度较高，因而对其实施有效管理需要丰富的社会经验和相应的专业知识。

3.债务管理

在实际生活中人们为了更快更好地实现理财目标，不可避免

【理财密码】

如果你不奢望物欲横流,但也不希望过得清贫淡泊,那么在当今社会作为"80后"的我们就应当积极地去创造财富、创造美好的未来。在理财之前投资者应确立好自己的目标,不要把自己的财富完全押在靠自己攒钱成为有钱人的心理。对于面临更大的教育、养老、医疗、购房等现实压力,更需要理财增长财富,仅仅靠积攒起来的钱是远远不够的。"80后"的一代,只要树立良好的理财观,制定合理的理财计划,你会发现其实财富和自己并不遥远。

地要面临债务问题。适当的债务可以帮助人们合理处置财务难题、提前实现生活品质的提高,可以说合理的债务管理是达成理财目标的捷径。

作为"80后",有效地管理债务,将债务控制在合理可控的范围之内,是理财规划的重点。降低自己的财务压力,是"80后"提高生活品质的关键。

4.风险管理

人生就像大海上的一叶孤舟,日常生活中充满众多不确定因素和越来越多的安全问题,使得人身和财产的有效管理变得十分重要。

对风险进行管理的前提是要对风险有清醒的认识和周全的应对措施。有效的风险管理是现代社会先进的管理理念的体现,也是个人和家庭的安稳幸福生活的有力保障,可以说风险管理是理财的命脉,只有在安全稳健的前提下才谈得上长远发展。

5.投资管理

"80后"的一代,是拥有远大目标和理想的一代,而理财的最终目的是更快更好地实现生活目标和人生理想。因此,"80后"要实现自己的梦想首先就要实现财富的增长和增值,而投资作为理财的要点,是实现财富有效增值的重要手段。

第二章　超越国家的财富传奇

　　欧盟已经制定了一个单一市场，通过一个标准化的法律制度，其中适用于所有会员国，保证人，货物，服务和资本的迁徙自由。它保持了一个共同的贸易政策，包括农业和渔业政策，和区域发展政策。15 会员国已通过了一个共同的货币，欧元。在对外政策上，代表其成员在世界贸易组织，在八国集团首脑会议和在联合国的会议上发言，维护其成员国利益。

财富小百科

在节假日选择一家人出游也是很多消费者的选择，然而怎样制订既划算又具享受性的出游计划呢？是在众多旅游团给出的广告中挑选，还是自己制订旅行计划，把享受旅行同赚外快结合起来达到一箭双雕的目的呢？聪明的假日消费者会选择后者。

每个节假日也是各大超市必争的黄金销售期，超市营业额能否打破纪录，入场的各品牌商品能否有很好的销售额，超市促销员能否赚取高额的提成，都要看假日期间超市的促销活动做得够不够力度，促销搞得够不够彻底。所以无论是家乐福、沃尔玛等大型外来连锁超市，还是各大本地社区超市都会瞄准假日来大做文章。考虑到超市卖的都是生活必需品、易耗品，都是家家户户生活必须用到的，所以做好超市假日购物攻略是十分有意义的。

第一节　科索沃内战结束

2007年12月，科索沃问题成为欧盟外长理事会的重要议题。会上讨论作为欧盟要如何对待力争从塞尔维亚独立出来的科索沃自治州的问题。

1996年以来，科索沃自治州一直谋求脱离塞尔维亚独立，并为此展开了持续的武装斗争。欧盟的大多数成员国的媒体，报道了1998—1999年期间的科索沃战争中塞尔维亚军的非人道主义行为，对科索沃表示同情。实际上许多欧盟国家也明确表示支持科索沃独立。在这种情形的推动下，2008年2月，科索沃自治州宣布独立，成为科索沃共和国。

2009年现阶段，承认科索沃独立的有包括大部分欧盟成员国、日本、美国等在内的60多个国家。其他国家现在仍未承认科索沃独立。

而在2007年12月当时，塞尔维亚还理所当然地反对科索沃独立，宣称："若科索沃单方面宣布独立，将不惜发动战争。"俄罗斯也再次站在了反对科索沃独立的立场上。

但是实际上，自那之后在科索沃再未发生内战。现在在科索沃有国际部队

【走近欧盟】

1986年葡萄牙和西班牙加入欧共体，使欧共体成员国增至12个。1993年11月1日，根据内外发展的需要，欧共体正式易名为欧洲联盟。1995年奥地利、瑞典和芬兰加入欧盟。

【走近欧盟】

　　欧共体创始国为法国、联邦德国、意大利、荷兰、比利时和卢森堡六国。

(KFOR)驻守,这支部队的主体由北大西洋公约组织(NATO)军队构成,塞尔维亚对此地区已不再有支配权。

　　南斯拉夫曾经占据巴尔干半岛的大部,而塞尔维亚族是南斯拉夫的多数派民族。

　　南斯拉夫是由约瑟普·布罗兹·铁托领导建立的国家。第二次世界大战期间,铁托作为领袖组织人民解放军抵抗纳粹德国侵略。南斯拉夫虽然是社会主义制度,但是却与苏联保持距离,在国内建立了一种特别的政体。该国各区域成立共和国,并拥有各自的总统。而与各地的总统不同,铁托是统率整个南斯拉夫的总统。在东西方冷战时,南斯拉夫与埃及、印度尼西亚一起始终贯彻不加入任何阵营的第三国立场。

　　南斯拉夫所在的巴尔干半岛自古以来就混杂着多个民族与宗教。因此,该地区一直纷争不断,甚至被称为"欧洲的火药库"。

第一次世界大战的爆发也是开始于这个地区。

第二次世界大战后,在铁托总统倡导的民族主义的约束下,南斯拉夫维持了国内的和平。但是,在1980年铁托死后,民族之间开始分裂。20世纪90年代东西方冷战结束,斯洛文尼亚(1991年)、马其顿(1993年)、克罗地亚(1995年)、波斯尼亚和黑塞哥维那(1995年)、黑山(2006年)等各地相继独立。剩下的塞尔维亚也宣布了独立。在原南斯拉夫中顺理成章地诞生了6个独立国家。

【走近欧盟】

　　至2009年1月止共有27个成员国,他们是:英国、法国、德国、意大利、荷兰、比利时、卢森堡、丹麦、爱尔兰、希腊、葡萄牙、西班牙、奥地利、瑞典、芬兰、马耳他、塞浦路斯、波兰、匈牙利、捷克、斯洛伐克、斯洛文尼亚、爱沙尼亚、拉脱维亚、立陶宛、罗马尼亚、保加利亚。

2008年,科索沃又脱离塞尔维亚,宣布独立。

一个国家分成了7个国家。我曾多次到巴尔干地区旅行过,对于这种状况我也感到很惊讶,"怎么可能有这种事情?"

顺便说一下,在希腊还有一个与马其顿同名的州。"马其顿作为亚历山大大帝的出生地而知名,他们竟然乘乱伺机抢走了这个名字",我的希腊朋友们对此深感懊恼。

塞尔维亚曾意图继承原南斯拉夫正统,但实力衰弱。听了希腊朋友所言"伺机"之类的话,科索沃不也是乘塞尔维亚之危一鼓作气轻松成就独立之事的吗?

如果没有欧盟存在,巴尔干半岛上的小国是不可能相继独立的。

第一,欧盟对民族独立抱有同情感。某地区宣布脱离原来国家独立时,即使该国企图动用军队阻止,但只要欧盟在舆论上支持该地区,该国也会变得无法出手。在科索沃战争中,北约对塞尔维亚的空袭以及驻军可以说就是一个代表性例子。

第二,欧盟为寻求独立的国家敞开了入盟的大门,这也给独立势力增添了很大的勇气。

对于巴尔干各国而言,同属于南斯拉夫的斯洛文尼亚的成功独立就是一个目标。

斯洛文尼亚的首都为卢布尔雅那,人口仅2000万人的小国,毗邻意大利、奥地利,在南斯拉夫时代就是国内最为发达的地区。该国对于自己向联邦缴纳的负担费都用于科索沃、马其顿等贫困地区感到强烈不满,因此在原南斯拉夫各国中最早独立。

斯洛文尼亚经济政策稳定,政治上采用民主主义的政治体制,最早被认可加入欧盟,货币也换为欧元。现在,该国在新加入的欧盟成员国中是非常优秀的。

【走近欧盟】

欧元(euro),2002年1月1日正式启用,纸币面额越大,面积就越大。英国仍然使用英镑。2012年2月下旬,法国正式宣布停止流通原有本土货币法郎,在全法国境内统一流通欧元。但是德国等国仍允许原有本土货币保持流通。

72

斯洛文尼亚的国民人均GDP(国内生产总值)水平在加入欧盟的原社会主义国家中是最高的,可以与南欧的希腊、葡萄牙相匹敌。2008年,斯洛文尼亚以原社会主义国家的身份第一次成为欧盟轮值主席国。因为有这样成功的例子,其他的小国于是也想:"好,我们也独立吧。"

　　斯洛文尼亚的成功证明了"如果加入欧盟,货币就可以使用欧元,经济上的成功与国家的大小是没有关系的"。

　　原南斯拉夫各地容易取得独立的条件还有一项。

　　原南斯拉夫整体并不是资本主义经济,企业归企业职员所有(虽然这个定义本身也很暧昧),因此即使经营遍布全国的企业分裂了,也很难发生所有权归属的问题。

　　为了弄清这一点,我去了卢布尔雅那,见了中央银行的前任总裁以及几个企业家,向他们探听了各方面的事情。结论就是,某片土地的从业人员持有该土地上的工厂、办公室

的所有权,因此不管国境如何改变,只要以新国境为基准划分企业就可以了。所以像北部的斯洛文尼亚那样从南斯拉夫时代就拥有许多工厂的地区,取得独立是有利的,贸易也很快就会出现盈余。

关于品牌也是如此,本来就不存在强势的全国性品牌,所以新生地区的企业很容易创立属于自己的独立品牌。

而且,持续到2007年的经济景气使得世界性的资金剩余,这也是催生小国独立的重要推手。

对于第二次世界大战后的欧洲复兴,美国的"占领区治理和救济"资金援助是必要的。但形势一转,到了21世纪初,世界各国同时呈现经济景气的时期,据说世界范围内寻找投资地的剩余资金(homeless money)达到了6000万亿日元。

即使是疲于纷争的国家,一旦出现了和平的形势,全世界的投资资金就会一下涌入,资金剩余的状况史无前例。因此,巴尔干半岛各个纷争国家独立后,刚开始民主化新制度的建立,仅仅这一个信息就会引起全球资金的大量流入。

而对于投机资金而言,投资成功的最大安全保障来自欧盟和欧元。

如斯洛文尼亚的例子所表明的,只要加入欧盟,即使是小国也能毫无问题地实现富裕。例如,卢森堡是一个人口仅有46万的、比斯洛文尼亚还小的国家,但却是欧盟中很有实力的成员国。

即使无法加入欧盟,也可以通过参加欧洲经济区(EEA)进入欧盟市场。

为了欧洲自由贸易联盟(EFTA)中无法加入欧盟的成员国也能参与欧盟单一市

【走近欧盟】

欧洲共同体的基础文件《罗马条约》规定其宗旨是:在欧洲各国人民之间建立不断的、愈益密切的、联合的基础,清除分裂欧洲的壁垒,保证各国经济和社会的进步,不断改善人民生活和就业的条件,并通过共同贸易政策促进国际交换。

场,EFTA与欧盟在1994年成立了EEA。除了瑞士,EFTA成员国(冰岛、列支敦士登、挪威)以及加入欧盟的27个成员国都加入了EEA。

虽然人口仅有32万的冰岛及人口34000人的列支敦士登等国拒绝加入欧盟,但是却通过加入EEA而获益匪浅。

【走近欧盟】

在修改《罗马条约》的《欧洲单一文件》中强调,欧共体及欧洲合作旨在共同切实促进欧洲团结的发展,共同为维护世界和平与安全做出应有的贡献。

这些事实都促进了到此为止还在犹豫的小国的独立。

欧盟这个超国家现在已经开始作为欧洲整个地区的经济安全网发挥作用。即使只是人口数10万的地区国家,只要有欧盟做后盾也能够去争取独立并经营下去。

欧盟周边各国都有这样的共识。

斯洛文尼亚、波罗的海三国(爱沙尼亚、拉脱维亚、立陶宛)等小国的成功,就让其他国家和地区也看到了"加入欧盟"这一新目标,从而有了可以消除独立后的不安的选项。

可以说欧盟的诞生消除了以往那种"没有一定的规模就无法拥有独立的货币和军队,无法成立国家"的观念。

结果,乘势而来的小国家们纷纷斩断了麻烦的历史羁绊,开始独立。

科索沃就是这样的小国家中的一个。

第二节　超国家使民族纷争失去意义

俄罗斯之所以反对科索沃独立,是因为巴尔干半岛小国的独立是自己在车臣、印古什、南奥塞梯所面临问题的一种写照。

如果像罗马尼亚、保加利亚这样贫困的原社会主义国家,作为欧盟成员国获得经济上的成功的话,必然会强化在地理位置上靠近欧盟的白俄罗斯、乌克兰、格鲁吉亚(2009年8月脱离独联体)、摩尔多瓦等国加入欧盟的意图、加快他们的行动,即便他们属于原来的苏联、属现在的独联体。若伊斯兰国家科索沃能成功加入欧盟,恐怕俄罗斯国内的伊斯兰系少数民族也会趋之若鹜。

正是因为各国的思想错综复杂,巴尔干半岛才曾被称为"欧洲的火药库"。

但是,现在的巴尔干半岛与成为第一次世界大战导火索的巴尔干半岛的情况存在着本质上的不同。

那就是有了超国家欧盟的存在。

欧盟的诞生使得欧洲经济超越国境,实现了无国界化,而到现在为止根深蒂固

【走近欧盟】

2009年11月19日,欧盟二十七国领导人在布鲁塞尔召开特别峰会,选举比利时首相赫尔曼·范龙佩为首位欧洲理事会常任主席,英国的欧盟贸易委员凯瑟琳·阿什顿为欧盟外交和安全政策高级代表。欧洲理事会常任主席和欧盟外交与安全政策高级代表是按照2009年11月3日通过的《里斯本条约》设立的。根据职务特点和内容,这两个职务还被形象地称为"欧盟总统"和"欧盟外长"。根据规定,范龙佩将在2010年1月1日正式上任,而对阿什顿的任命还需要经过欧洲议会的批准。

的"国民国家"的观念也变得越来越淡薄。这就让民族纷争失去了意义。

不仅是巴尔干半岛,多个民族像雪花牛肉一样混住在一起而成为发生纷争的导火索的地区,在欧洲还有很多。

西班牙的加泰罗尼亚、巴斯克问题根深蒂固,俄罗斯的南北奥赛梯问题和车臣问题也是如此。

英国国教教徒与天主教争夺北爱尔兰也是其中之一。即使是在民主主义始祖的英国,虽经由几个世纪也没有解决这个问题。

英国合并爱尔兰是在1801年。

但是,这两个国家的宗教信仰不同。爱尔兰信仰的是天主教,英国的信仰虽然同属基督教宗,但却是英国国教。这里先不论合并正确与否,其实本来英国只要维持现状、不遣送移居者,仅仅是统治应该是不会有问题的。

但是,英国为了统治的需要,往爱尔兰大量迁移了英国民众。结果,特别是北爱尔兰地区,大量混居了两种宗教和两个民族的人。如此一来,即使英国想要放手,也因大量英国人的移入而无法简单做到了。

如果英国放弃北爱尔兰使其独立,如何对待那些为统治而移民的英国人就成了问题。让他们回归英国,这说起来很简单,但是移民者在北爱尔兰早已代代相承,他们要守护着祖先世代建立起来的立足之地。

【走近欧盟】

欧盟委员会是常设执行机构。负责实施欧共体条约和欧洲联盟理事会作出的决定,向理事会和欧洲议会提出报告和建议,处理欧盟日常事务,代表欧共体进行对外联系和贸易等方面的谈判。委员会由27人组成,每个成员国各1人。主席由首脑会议任命,任期二年;委员由部长理事会任命,任期四年。

那么,就让移民的英国人留在独立的北爱尔兰吧,这也是一种主意。但是,生活在那里的英国人又会感到不安。若北爱尔兰独立,之前英国人的地位就会发生逆转,原本属于统治者、威风八面的自己可能会转换成被欺凌的一方。

如果发生这样的事情,对英国政府而言也是一个很大的麻烦。因为英国内部会发出"保护同胞"的呼声,甚至会出现被迫派兵等让人头痛的问题。

因为陷入如此两难的境地,虽然1949年现在的爱尔兰脱离英联邦,宣布实行共和制,完全独立,但不管北爱尔兰如何发动独立运动,英国也不予承认,其间纷争一直拖延至今。

但是,如此持续了200年之久的武力纷争最近开始有了平息的迹象。

首先,在1994年,也就是欧盟正式成立的第二年,在英美两国政府的共同推动下,爱尔兰武装组织爱尔兰共和军(IRA)同意与英国政府达成停战协议。

而原本就对此停战心存不满的爱尔兰共和军内部的强硬派又建立了新组织,命名为"真爱尔兰共和军",从1997年到1998年期间发动了大量恐怖袭击活动。

但是，1998年8月，在北爱尔兰的小镇奥马的商业街发生的爆炸恐怖袭击造成许多平民死亡，爱尔兰国内也出现了谴责声，因此真爱尔兰共和军的很多成员都脱离了组织。由此，真爱尔兰共和军也宣布停火。可以说此时过激派已经失去了平民的支持。

但那之后，真爱尔兰共和军在2000年宣布再次开始爆炸恐怖袭击。2009年3月，真爱尔兰共和军成员用冲锋枪扫射北爱尔兰的英军军事基地，致使两名英军士兵死亡。但是，这并不是有组织的独立运动，而只是残余势力的拼命挣扎而已。

爱尔兰共和军的停滞是由于其母体爱尔兰人的感情已经脱离了独立运动。

自从1993年欧盟正式成立以后，对于爱尔兰国民而言，北爱尔兰问题也变得不再那么重要了。这是欧盟这个超国家促进了人们的意识变革的缘故。

如果有人说"这里是英国"，爱尔兰人就会回答："你说什么！我们是爱尔兰人！"但是如果有人说"这里是欧盟"，爱尔兰人就会回答："这个嘛，的确如此。"

"爱尔兰是欧盟的一员，英国也是欧盟的一员，何必为这种小事情争来争去呢？"能有如此想法，当事者的视野也就开阔了起来。

据说原本给予北爱尔兰的

【走近欧盟】

欧共体监督、咨询机构。欧洲议会有部分预算决定权，并可以2/3多数弹劾委员会，迫其集体辞职。议员共有518名，法国、德国、英国、意大利各81名，西班牙60名，荷兰25名，比利时、希腊、葡萄牙各24名，丹麦16名，爱尔兰15名，卢森堡6名。议长任期二年半，议员任期五年。议会秘书处设在卢森堡。每月一次的议会例行全体会议在法国斯特拉斯堡举行，特别全体会议和各党团、委员会会议在布鲁塞尔举行。

武装组织提供资金支援的是美国的北爱尔兰后裔。

但是，即便从美国的爱尔兰人视角看来，现在的氛围是"不管独立与否，都还是属于欧盟啊。发动内战也太愚蠢了"。有了这样的意识变化，再加上托尼·布莱尔和属于爱尔兰后裔的比尔·克林顿顽强地交涉，新芬党和爱尔兰共和军也就同意解

【走近欧盟】

欧共体的仲裁机构。负责审理和裁决在执行欧共体条约和有关规定中发生的各种争执。欧共体审计院成立于1977年10月，由12人组成，均由理事会在征得欧洲议会同意后予以任命。审计院负责审计欧共体及其各机构的账目，审查欧共体收支状况，并确保对欧共体财政进行正常管理。其所在地为卢森堡。

除武装了。

同样的现象也发生在意大利，当时的意大利存在着北部要求独立的问题。

从1861年意大利统一以来，国内最大的问题无疑就是南北意大利对立的问题。

这是因为，意大利国内经济发展不均衡，经济结构上存在着北部经济发达地区上缴的税金投放到贫穷的南部使用的问题。

这种经济结构让北部的意大利人总是觉得："我们在被榨取。"在他们看来，罗马政府只不过是一个榨取机构，政府掠夺自己的钱撒向南方，也只不过是为了保持政治势力。

他们自然而然地会认为"才不能听那帮家伙的话哩！只要经济上富裕的北部独立了，我们就应该不用被南方榨取了"。

由此而产生了名为伦巴第联盟的独立组织。这个组织之后发展成名为北部联盟的一个政党组织。

但是意大利加入欧盟之后，身处意大利的南部还是北部都无所谓了。因为欧盟中有比意大利北部经济更为发达的德国等国，北部所谓的经济发达也就被相对化了。意大利这样的国家在加入欧盟时，与作为意大利整体缴纳的费用相比，他们得到的资金补助更为多些(现在，因为加入了更加贫穷的国家，意大利已经成了缴费的一方)。

而在意大利，威风凛凛的意大利北部大企业也必须与德国、法国的企业在同一个舞台上展开竞争了。

在"现在不是南北争斗的时候"这样一种气氛中，独立派也不再激进。

北部同盟在之前不久还宣称"北部要独立"，并为此而展开运动，但是现在在其章程中已删去"独立"这一词语，进而在南部也增加其党员，甚至宣称连政党名称也要更改。

如同意大利的例子中看到的那样，地方和中央政府的对立多是始于富裕的地方对中央政府榨取的愤怒。

西班牙的巴斯克地区也是如此。该地区有毕尔巴鄂这样的大城市，在西班

【欧盟经济揭秘】

欧盟的诞生使欧洲的商品、劳务、人员、资本自由流通，使欧洲的经济增长速度快速提高。

【欧盟经济揭秘】

欧共体是世界上一支重要的经济力量。12国面积为236.3万平方千米，人口3.46亿。1992年欧共体12国国内生产总值为68412亿美元（按当年汇率和价格）。欧共体是世界上最大的贸易集团，1992年外贸总额约为29722亿美元，其中出口14518.6亿美元，进口15202.7亿美元。

牙国内是很富裕的地区。加泰罗尼亚自治州也有着同样强烈的独立意识，看其首府巴塞罗那就可以知道该州的经济也很发达。

在西班牙也出现了与意大利相同的现象。

西班牙的加泰罗尼亚州本来就拥有自己的语言加泰罗尼亚语，对马德里政府持有强烈的反抗心理。

在巴塞罗那举行奥林匹克运动会的1992年，在世界上随便买一份报纸，上面都会写着："欢迎光临巴塞罗那奥运会"。这当然是可以的，但是下面却写着"加泰尼亚自治共和国"，也就是请到加泰罗尼亚自治共和国，但是从来没有发现一句"欢迎来到西班牙"。

也就是说，他们想表达："这里是巴塞罗那，是加泰罗尼亚自治共和国。奥林匹克的主办方是加泰罗尼亚共和国，不是西班牙。欢迎来到加泰罗尼亚共和国"。为争这口气，作为西班牙首都的马德里曾三次申办奥运会，但在2016年的奥运会申办中惨败给里约热内卢，可以说这种悲哀一直持续至今。

即使是有着如此强烈独立意愿的加泰罗尼亚，在欧盟成立的背景下的2006年，当地举行了自治州宪章修改案的居民投票。修改后的宪章中提出要求扩大地方自治权，而不再是要求独立。

第三节 大受欢迎的"地区国家论"

我在1995年出版了《地区国家论》(The End of the NationState)(日文版书名"地区国家论",讲谈社)。我在书中展开讲述了地区国家论。"国民最大的敌人就是国家。在全球化经济中能够繁荣的是开放的地区国家(Region State)。国家的规则、制度和扶助金已经不需要了。财富不是由主权国家、而是由超越国境的网络带来的。"在日本我多被看作是道州制度的提倡者,其实我是在更为广泛的、世界范围的层次上论述"地区国家"的必然性的。

令身为笔者的我没有想到的是,用英文写成的这本书,受到了在欧洲各国从事独立运动的人们极力追捧。

此书在冰岛大受欢迎,他们评价道:"人口仅有30万人的我们为了独立生存下去,必须要坚持地区国家论。"在上述西班牙加泰罗尼亚地区也受到了很好的评价,"根据大前先生的地区国家论,我们已经是独立国家了",我简直是被当作老师一样被敬仰的。我还曾被同属西班牙的加利西亚自治区邀请,在那里参与了他们的国家战略的制定。

加利西亚是西班牙位于与葡萄牙接壤区域的一个自治州,是世界著名服装品牌"ZARA"的本部Inditex集团的所

【欧盟经济揭秘】

欧盟成立后,经济快速发展,1995年至2000年间经济增速达3%,人均国内生产总值由1997年的1.9万美元上升到1999年的2.06万美元。欧盟的经济总量从1993年的约6.7万亿美元增长到2002年的近10万亿美元。

在地。

这个地区也有强烈的独立意识，自治州政府称为 Xunta de Galicia，而在政府中还有被称为总统的领导人。

该总统曾邀请我到加利西亚的首都圣地亚哥德孔波斯特拉，去时有大批报社记者赶来，我不得不与该总统一起会见了记者。总统当场请求我，"为了不让加利西亚在欧盟中被埋没，请您帮忙制定战略"。大有我若是不制定这样一个战略就不让我回去的感觉。

加利西亚的确是一个风光明媚、港口齐备的好地方，但是让我制定什么战略就头疼了。

在意大利，为呼吁伦巴第州的独立而结成的北部同盟也曾邀请我去讲学。因为会招致南部意大利人的怨恨，所以我就很慎重地拒绝了。除此之外，加拿大法语地区蒙特利尔也邀请我帮忙想个办法，怎样使它不在英语圈的北美中被埋没。

欧盟的诞生促进了小国的独立，是地区国家形成的社会基

础。与此相似，或许对于谋求地区独立的人而言，我的著作可为他们提供了某种精神方面的支撑。

虽说如此，马斯特里赫特条约生效以来已经过去了15年多，欧盟的存在已经深入人心，比起地区和民族的归属意识，"我们是欧洲人"这一意识变得更为强烈。

结果，即使本国内部各地区有些许贫富不一，在欧洲整体来看也就不是什么大事了。从而产生了这样的想法："我也是他们中的一员，进行这种小范围内部的斗争也是无用的。"

得益于此，现在欧洲的民族纷争已经极为少见。

可以说人们这种意识的改变正是欧盟诞生的伟大功绩。

第四节　把"加入欧盟"当作王牌

　　欧盟本身也注意到了,可以对纷争当事者使用"加入欧盟"这张政治牌。

　　欧盟也开始有意识地采取行动。对于非成员国而言,加入欧盟能够成为很好的诱饵,对争斗激烈的双方施行怀柔政策,从而平息民族之间的争端。

　　对科索沃战争的调停可以看作这类行动的典型事例。

　　前面曾提过,对于2008年1月7日科索沃单方面宣布独立一事,欧盟的多数成员国表示支持,但是塞尔维亚中依然是强硬派占优势,塞尔维亚国民中"用实力来击垮科索沃独立"的呼声也很高涨。这里必须注意的一点是,欧盟一贯支持的并不是主要由基督教教徒组成的塞尔维亚,而是以伊斯兰教教徒为主要组成部分的科索沃。欧盟脱离宗教属性的特点说明了其与十字军时代的欧洲有了本质的区别。

　　在科索沃宣布独立之前不久的2月3日,在塞尔维亚举行

【欧盟经济揭秘】

　　目前,欧盟的经济实力已经超过美国居世界第一。而随着欧盟的扩大,欧盟的经济实力将进一步加强,尤其重要的是,欧盟不仅因为新加入国家正处于经济起飞阶段而拥有更大的市场规模与市场容量,而且欧盟作为世界上最大的资本输出的国家集团和商品与服务出口的国家集团,再加上欧盟相对宽容的对外技术交流与发展合作政策,对世界其他地区的经济发展特别是包括中国在内的发展中国家至关重要。欧盟可以称得上是个经济"巨人"。

的总统选举中，民族主义政党塞尔维亚激进党党首尼科利奇，与亲欧盟接受科索沃独立的民主党党首塔迪奇竞争。

当时形势上对强硬派的尼科利奇是有利的。因为在塞尔维亚国民看来，塔迪奇只是一个"承认"科索沃独立、不可原谅的懦弱党首。

此时欧盟行动了。

就在总统选举的这个敏感时期，欧盟提出了扩充对塞尔维亚的内政支援、强化与塞尔维亚的经济联系的方案。说得明白一点，也就是表明了："如果欧盟派的塔迪奇获胜，将会考虑允许塞尔维亚加入欧盟"。

然后，总统选举如期举行。

结果怎么样呢？

当选总统的是接受科索沃独立的派别、民主党党首塔迪奇。这与选举前民意调查的结果正好相反。

本来塞尔维亚的国民为了防止科索沃独立持续了多年

内战, 坚持"科索沃是塞尔维亚不可分割的
一部分"。但是, 在欧盟放下可以加入欧盟
这一诱饵之后, 他们马上就改为支持接受
科索沃独立的塔迪奇了。

【欧盟经济揭秘】
　　2010年欧盟国内生产总值
16.106万亿美元, 人均GDP32283
美元。

　　新总统塔迪奇在议会的就职演讲中讲
道, "塞尔维亚一直以来都是欧洲的一员, 我们有意尽快加入欧
盟", 这表明了他提前加入欧盟的意向。

　　另一方面, 欧盟也发表了联合声明, 表示"如果塞尔维亚的改
革稳健地进行, 欧盟会讨论开始交涉缔结联合协定的可能性"。这
表达了对亲欧盟派总统诞生的欢迎之情, 而且进一步放下了诱饵。

　　这种形势甚致使得塞尔维亚总理科什图尼察表示辞职, 因为
他属于反对科索沃独立的民族派。

　　塞尔维亚国民为什么变节了呢?

　　要说客套话那另当别论, 但应当在他们心中也觉得与其和科
索沃不停地纷争下去, 不如能加入欧盟更加让他们高兴。在市镇

【欧盟经济揭秘】

经济恢复：1.经济恢复速度快；2.美国的扶持。

开展问卷调查时,曾扬言"绝不允许科索沃独立"的人们也开始改变想法。"也许再过几年塞尔维亚就加入欧盟了。那样的话,我们也都成了欧洲人了。"这种想法一旦产生,转向也就在所难免了。

这没有什么不可思议的。

我有幸有机会能与欧洲各地的人们真心交谈,其实欧盟周边各国的人们也很想自己的国家能成为欧盟成员国。他们认为只要加入欧盟,自己也能够富裕起来。至少他们能够在欧洲自由地居住和迁移,可以在富裕的国家工作和生活。

不管是谁都不愿意进行没有结果的纷争,都更愿意富足、快乐地生活。

现在,原南斯拉夫各国中除了塞尔维亚之外,克罗地亚、波斯尼亚和黑塞哥维那、马其顿、黑山等国事实上都在与欧盟就入盟问题进行交涉。

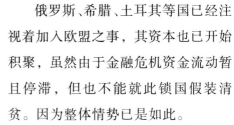

俄罗斯、希腊、土耳其等国已经注视着加入欧盟之事,其资本也已开始积聚,虽然由于金融危机资金流动暂且停滞,但也不能就此锁国假装清贫。因为整体情势已是如此。

即使原南斯拉夫剩下的6个国家中,除了塞尔维亚和科索沃之外,只有4个国家加入欧盟,欧盟成员国也将增加到31个。与此同时,一直被称为欧洲火药库的巴尔干半岛的民族、宗教、国家形势等所有一切情况一定会一下子发生巨变。

第五节　土耳其能否加入欧盟取决于塞浦路斯问题

为了表现加入欧盟的吸引力，最后再举塞浦路斯的例子。

塞浦路斯是位于土耳其的南海上的一个地中海小岛。塞浦路斯也因为加入欧盟而成为富裕的小国中的一员。

正确地说，只有塞浦路斯岛的一部分加入了欧盟，富裕起来。

塞浦路斯曾经因出产优质的铜而闻名。拉丁语和英语中表示"铜"的词语以及铜元素符号"Cu"均来自这个岛的名称。

全岛居住人口为100多万，原来是希腊血统与土耳其血统混住的居民。

1960年，塞浦路斯脱离英国独立，但是围绕该岛土耳其、希腊存在势力纷争。1974年爆发了希腊合并派与土耳其合并派之间的内战。内战后，全岛分为南北两部分，国民也分为希腊系和土耳其系分开居住。

与自古以来就有塞浦路斯共和国相对，北部的土耳其军支配地区在1983年宣布成立了北

> **【欧盟经济揭秘】**
>
> 　　1993年生效的《马斯特里赫特条约》（简称《马约》）和1997年生效的《稳定与增长公约》（又称《阿姆斯特丹条约》，简称《公约》），规定了欧盟财政政策的基本规则。《马约》对成员国财政政策做出了原则性规定，即从1994年起，欧盟各成员国的财政赤字占GDP的比重（即赤字率）不能超过3%，政府债务占GDP的比重（即债务率）不能超过60%。

塞浦路斯土耳其共和国,但是承认该北塞浦路斯共和国的只有土耳其一个国家。

而土耳其并不承认南部的塞浦路斯共和国。这是土耳其加入欧盟的交涉中最大的瓶颈问题。

由土耳其实际支配的北塞浦路斯土耳其共和国人口约为26万,几乎都是伊斯兰教徒。人种多为土耳其裔,货币使用土耳其的里拉。

与此相对,南部的塞浦路斯共和国人口有78万,人种由76%的希腊裔、10%的土耳其裔和一些其他民族组成。

这两个国家中,占人口总数的80%的南部、由希腊所支配的地区在2004年,以"塞浦路斯共和国"的名义被认可加入欧盟。

在那之后,南塞浦路斯经济以占GDP的70%的旅游业为中心,以年增长率4%的速度持续快速发展,形势良好。塞浦路斯原

本在金融界中就享有避税天堂的美名,主要成为俄罗斯和东欧的富裕阶层洗钱的舞台。但是这些方面的收入都不可能计入公开的统计中。2008年1月起南塞浦路斯与马耳他一起引入欧元,因此受到金融危机的波及很小。反倒因为成了俄罗斯等国的逃税资金的收容地而受惠。

如此一来,南北塞浦路斯经济的差距将会越来越大。

北塞浦路斯经济发展迟于南塞浦路斯,人均GDP只是南塞浦路斯的1/3。因为只被土耳其一国

承认,也没有海外的投资,货币土耳其里拉也因为20世纪90年代土耳其发生的物价暴涨而贬值。国内一直持续着经济混乱、人民生活贫困的状况。

能否加入欧盟导致了南北的差距巨大。

北塞浦路斯人从内心出发也应该是渴望加入欧盟的吧。

如果能加入欧盟,就可以前往欧洲的任何地方。而且,在欧盟有相互主义的原则,对于一个成员国中认可的资格其他成员国也必须认可,因此医生、律师在其他国家也可以靠着已取得的资格维持生计。

因此,开始了南北统一的谈判。但是南北不仅在人口数量上有着巨大差距,经济差距也十分明显,即使再次统一,人口占优的南部必然会有不断增强的支配力。

北塞浦路斯为了避免上述情况而主张联邦制。希望能够采取美国式的联邦制,维持各州的自治。南塞浦路斯则表示反对。

面向再次统一的商谈难以开展。虽然没有停滞不前,但是也很难期待有什么结果。

但是,不管怎么说,加入欧盟的吸引力也是巨大的。只要这个吸引力仍在,双方的谈判就会继续吧。

实际上,这个交涉不仅关系到北塞浦路斯,还关系到土耳其能否加入欧盟。如果北塞浦路斯与南塞浦路斯统一,而土耳其也承认其统一,那么欧盟就没理由拒绝土耳其的加入了。

在2008年的土耳其、希腊首脑会谈中,希腊的卡拉曼利斯总理就表示:"与塞浦路斯共和国恢复邦交正常化是土耳其加入欧盟的必要条

【欧盟经济揭秘】

《马斯特里赫特条约》在进一步明确《马约》规定的财政政策原则基础上,确定了欧盟财政政策协调的规则、过度财政赤字的惩罚程序,以及建立预警机制监督各国财政运行状况,保证各成员国在中期内(1997—2004)实现财政基本平衡或者略有盈余。

件，只要达成这一条件，欧盟就应该允许土耳其作为正式成员国加入了。"

那样的话，欧盟的版图将会巨变。

土耳其是一个人口超过7000万的大国，工业生产力和成本竞争力都不低于中国。

而且，土耳其加入欧盟的日子，将是持续千余年斗争的基督教和伊斯兰教两大势力实现历史性和解的时刻。

欧盟的"向东方发展"的战略，会引导那些围绕着民族、宗教和边界而不断重复着流血惨案的人类历史进入新的篇章。

考虑到这一宏大的历史进程，应该就能够理解塞浦路斯问题的重要性了。我也期待着谈判不断推进，南北再次统一能够实现。

第六节　美好生活比战争更重要

经历了多年纷争的科索沃宣布独立，并且得到了欧盟许多国家的承认，而纷争的对手塞尔维亚也已经开始采取意图加入欧盟的行动。

也许这个结果可能出乎许多人的预料。

但是，我通过至今为止的杂志连载等早已预料到会有这样的进程，当想到这个预测实现是两国人民的幸福时，我自己心中不禁充满喜悦。

为什么我能够预测塞尔维亚市民的转向呢？非常简单。只要"站在他们的立场上进行思考"就可以了。

对于塞尔维亚国民，能够加入欧盟，获得在世界中自由旅行的权利当然是一件非常有吸引力的事情。只要加入欧盟，就能够从很多一直承受的限制中解放出来。"为了这个目的，科索沃什么的还给他们也无所谓了"，有这样的想法也是自然而然的事情。人们表面主张民族主义，其实心

【欧盟经济揭秘】

《公约》被认为是欧盟经济稳定的根本保证，也是欧元稳定的基石。按照《公约》规定，成员国必须确定实现中期财政预算目标的时间表，努力在2004年实现预算基本平衡或略有盈余；欧盟对成员国财政政策的制定及实施进行协调和监督，如果判定某一成员国赤字率可能或已经超过3%，就向该国提出警告并要求其进行纠正；如果成员国仍不执行，欧盟就会启动过度赤字惩罚程序。成员国赤字率连续三年超过3%，最多可处以相当于国内生产总值0.5%的罚款。

底却在寻求着其他的东西，这是旋涡中的当事人看不到的事实。换句话说，19世纪的"国民国家"与21世纪的"超国家欧盟"这两个概念是有矛盾的，而在我们眼中所看到的是欧盟的观念取得了胜利。

欧盟这样一个超国家，其魅力在于它提供给人们一种设计布局。而这种布局打开了固执于民族主义的人们的眼界，为纷争中的国家带来了和平。

现在，南北塞浦路斯的统一谈判处于停滞状态，但是应该不会就此中止吧。理由不仅仅来自于北塞浦路斯的宗主国土耳其抱有加入欧盟的强烈渴望而施加的压力。还有我察觉到，北塞浦路斯的土耳其血统的市民也在等待着，一个统一后加入欧盟而产生的与迄今为止不同的新世界。

人类重复着民族纷争、宗教战争，但是根本上都有着共同的目的，那就是"想得到幸福"、"想要获得美好的生活"。这是我的一

贯主张。我在1990年由HarperCollins出版社出版的《无国界的世界》(The Borderless Wrod)(日文版书名"无国界的世界",President出版社)中对此展开过论述。

成为纷争根源的民族对立和宗教对立问题,虽然看似大到无法解决,但是如果眼前有机会可以过上美好生活,任何人都会放弃那样的坚持吧。看到在北爱尔兰、意大利、塞尔维亚和科索沃发生的事情,我深感这才是人类的真面目。

人类历史上最早拥有如此包容力的"概念国家=欧盟"开始发挥作用,这是过去数千年的人类历史中最浓墨重彩的一笔。

第七节　阿拉伯、印度同样适用

欧盟的理念也同样适用于世界上其他地区。

《最强国家日本的设计图》一书中，作者曾提议："应该建立一个如同EU一样的'AU=ArabUnion'"。

在中东的阿拉伯世界，如果建立EU型的联盟并在海湾合作委员会(GCC)各国发行通用货币，这对于纷争不断的中东地区也是一条"通往和平之路"。

只要还固守19世纪的国民国家的观念："绝不承认以色列这个欧美列强强行塞入的不正当国家的存在！"那么和平永远不会来临。

但是如果建立阿拉伯联盟，承认巴勒斯坦、以色列两国，让其加入阿拉伯联盟，并作为无国界的联邦的一员共存，那就没有纷争的理由了。

如果扩大想象力，印度次大陆的宗教对立也能以这种方式解决。

印度、巴基斯坦、孟加拉、斯里兰卡四国有印度教、伊斯兰教、佛教的宗教对立的同时，还有像是斯里兰卡的泰米尔人这样的民族对立问题。

实际上印度的真正的敌人并非巴基斯

【欧盟大事记】

1994年12月9日至10日，欧洲联盟12国和即将加入欧盟的奥地利、瑞典和芬兰的领导人在德国埃森就改进欧盟机制，促进经济增长和欧盟向东欧扩大问题达成一致。

坦，而是国内的阶级对立。

因此印度为了维持自己的国家，才有必要将巴基斯坦作为假想敌从而统合国内。巴基斯坦也是同样的情况。在这个意义上说，两国的对立是有政治色彩的。

我想如果印度次大陆建立"I-U=India Union"这样的联盟，缔结协议发行同样的货币、建立统一的市场，这样的纷争和对立也能得以解决。

从某种意义上讲，欧盟是将同一个理念推向世界的最早的一步，因此我希望可以称为人类史上最大的实验的欧盟一定要取得成功。

【欧盟大事记】

1995年1月1日，奥地利、瑞典和芬兰加入欧盟，欧盟成员国扩大到15个。3月26日，申根协议生效。协议规定，在申根协议国家边境上取消对人员往来的控制，加强司法和警务机构间的合作。同年12月16日，欧盟马德里首脑会议最终把未来欧洲统一货币的名称确定为"欧元"。

第八节 财富达人的理财之道

为什么要理财

每个人都有梦想,作为"80后"的一代更是如此,而很多梦想的实现都需要经济作为支撑。另外,随着年龄的增长,80后身上所负担的责任也会相应增加。可以说财富是生活品质的保证,而理财是实现这一目的的重要手段。

1.实现财富的保值和增值

理财是达成人生目标的一个手段,而财富的增值是每个80后应该树立的目标。如果不善于理财,非但不能保持财富增长,反而会让自己手中的财富缩水甚至会失去财富。

2.规避生活中的风险,保障稳定生活

正确的理财计划能够帮助我们在风险来临的时候最大可能地降低损失。很多"80后"觉得理财是一件麻烦的事情,其实科学合理的财产分配方式能让理财变得轻松而简单。我们可以将一部分资金用于购买保险,把风险转嫁给保险公司承担,从而规避生活中的意外和经济风险,保证安稳、有保障的生活。

3.高昂的教育、住房和医疗支出

最近某机构的一项"80后"压力调查显示,有97%的人都觉得自身的压力没有得到解决,有30%的人觉得压力非常大,快喘不过气了。在经济方面,住房、教育和医疗成为人们最主要的负担,被人们称为"三座大山"。

4.日益突出的养老问题

养老包括两方面:一方面是指对父母的赡养,另一方面是自己的养老计划。老有所养是我国自古以来的传统,也是人们共同的追求。

如今,"80后"已经要面临"上有老,下有小"的生活,因此,对父母的赡养和对自己未来的规划都应该成为"80后"理财的目标。

让父母和自己到了晚年都可以过上"老有所养,老有所医,老有所乐"的生活,已经成为"80后"必须面对的问题。无论是养老保险,还是通过投资积累财富,都是实现"80后"老有所养的有效手段。

5.就业的不稳定性

引起就业不稳定的重要因素之一是高房价。为了买房子,很多"80后"在不断地换工作,他们希望通过提高收入来承受高昂的房价。可是,这种做法显然不是最有效的手段。相对稳定的工作才是生活的保障。

那么,减轻购房等压力的有效途径就应该是理财,让手中的钱不断"生钱"。只要制订合理的理财计划,养成良好的理财习惯,就业、买房等压力将会逐步减轻。

【理财密码】

俗话说,"投资知识也就是投资财富",此言不谬。在我们年轻时把钱装进口袋不如装进"脑袋",提升自我价值是积累财富的途径之一。因此,投资知识是值得的,我们应该放远眼光,要看重长远的收益而不是一时的付出。

6.金融危机

"金融风暴"的不期而至,让很多人体会到了理财的重要性。尽管经过各国政府的一系列救市举措,这场"金融风暴"暂时偃旗息鼓,但一时的风平浪静并不代表"金融风暴"的影响已经过去。因为这对实体经济的冲击不会在当下充分体现,就像当时中国在亚洲金融危机后出现了长达5年的通货紧缩一样,在未来很长一段时期内都要做好被"金融风暴"波及的准备。

2008年"金融风暴"来临时,正是很多80后忙于找工作的日子,物价的上涨和就业的压力,让"80后"深刻地体会了"金融风暴"的威力。

在"金融风暴"中,对财富航向的把握是尤为重要的,比如股票和房子的买卖,以及当前形势下的跳槽问题,这些都需要自己去把握。因此,学会理财不仅仅是财富的积累,更是解决各项经济问题经验的积累。

第三章　真正的全球化经济在欧盟

1957 年 3 月 25 日，法国、联邦德国、意大利、荷兰、比利时和卢森堡六国在意大利首都罗马签署旨在建立欧洲经济共同体和欧洲原子能共同体的条约（又称《罗马条约》）。1958 年 1 月 1 日，欧洲经济共同体和欧洲原子能共同体正式组建。

财富小百科

　　我们都希望过上幸福美好的生活，当我们到中年的时候不用为了孩子的学费而四处奔波，不用为了父母的赡养费担忧，不用为了没有买到房子、车子而每天忧心忡忡。所以，为了实现美好的愿望，必须从现在开始理财，有了积累有了财富才是生活高品质的保障。随着年龄的增长，人们生活的压力也会越来越大，家庭所有的开销几乎都落到了你的身上，然而你的工资却没有因为你年纪的增长而变多，或者变多的程度远远不能应付所有的开销增加，而且现在每年物价都在上涨，昨天还是9块的猪肉今天突然变成了10块，面对这样的窘境，你是否会后悔当初没有理财。

　　做好理财，积累必要的经济实力，是现代人实现购物梦想的根本保障。

第一节　"e世代"的登场

　　前文中我曾阐述过，随着欧盟的诞生，生活在欧洲的人们的地域归属意识正在急速地发生着变化。这一点可以清楚地表现出在"e世代"的抬头上吧。这是一个从市场营销界诞生出来的词语，却象征性地表现出了欧洲人自我认知的变化。

　　在市场交易活动中，目标顾客是如何掌握自己的主体性的，这一点显得越发重要起来。

这边所说的主体性是指,当我们被问及"你是什么人"的时候,在你的脑子里最先出现的是"我是日本人"呢、"我是某某公司的人"呢、还是"我是东京人"呢的这样一种意识。

在欧洲,"我是法国人"、"我是德国人"这种民族与国家融为一体的意识曾经占据了主导地位。有人不满这一点,因此,即便在同一个国家里,对多数派抱有异民族意识的人们在各个地区不断挑起独立纠纷。

但是,现在在欧盟各国,具有"欧洲民族"意识的人正在不断增加。有些人不再回答"We German"或者"We French",而开始回答"We European"。

意识的改变尤其在十几岁后半段到二十几岁的年轻人身上表现得非常明显,因此在市场营销领域,这一年龄段被认知为一个世代。在音乐的世界里,也有他们被称为"MTV世代"的说法。MTV是播放流行音乐的电视台。20世纪70—80年代期间,最为活跃的流行音乐组合是瑞典的"ABBA",它掀起了一股新的流行音乐的热潮,同时它也催生了"MTV世代"。这个组合来自北欧,成员的英语非常好,他们用近似美式的方法演绎欧洲音乐、灌制欧洲唱片。从瑞典出道的ABBA在美国和日本地区虽然也有相当的人气,但在欧洲其人气更是具有爆炸性的。

同一时期,在德国慕尼黑,意大利制作人吉奥吉·莫罗德创作出来的独特的迪斯科音乐被称为"慕尼黑之声",依然受到了压倒性的支持。这种迪斯科音乐在20世纪80年代后半段与"EUROBEAT"相衔接。这些音乐形式每个都用英语来演唱,但是创作者却来自欧洲各国。

源自欧洲的英语流行音乐,可以说是一个由欧洲年轻人发起的对美国文化的反

【欧盟大事记】

1996年12月14日,欧盟都柏林首脑会议通过了《稳定和增长公约》《欧元的法律地位》和《新的货币汇率机制》的欧元运行机制文件。

命题。听着这种音乐成长起来的人们很自然地就有了"We Euro-pean"的意识。

首先,他们会相对美国文化圈有一种欧洲文化圈居民的意识。接下来他们便会感觉,在这个文化圈里——说明自己是哪个国家的人是件非常麻烦的事。

这样一来,企业就必须改变市场营销的手法。

在这之前,市场营销都是面向德国、面向法国这种区分国别的方式进行的。

但是,针对这些以英语为通用语言的年青一代——e世代出现了"european marketing"这种想法,运用身为一名欧洲人这样一种意识来吸引买主,其商品的认知度就提高了。当然,如果在MTV里植入广告的话,宣传效果会非常好。

"MTV世代"的另外一个特征是使用英语没有障碍。

因为只要用英语就好了,所以广告的效率非常高。

在欧洲,除了MTV之外,还出现了几家在整个欧洲无国境播

放的电视台，被称为"european Television"。

美国有线电视新闻网CNN进军欧洲地区后，推出像"CNN Spain"、"CNN Italian"以及"CNN Turkish"等按国别和不同语言制作的节目，但是E世代的年轻人看的却是CNN英语版的节目。

看了英国的BBC、CNN的美国版本以及源自伦敦的音乐节目MTV等，才能赶上话题更新的节奏。

在印刷媒体中要数《金融时报》(FT)了。因为纸张的颜色是橙红色，所以也被叫作粉红报纸，不过公司的经营者和管理人员都读这个报纸。现在无论去哪个国家都能看到它。即使在乘飞机的时候，如果被空姐问到"您要什么报纸"，回答《金融时报》的人是最多的。

现在，读本地报纸的人已经是少数派了。即使去德国等国家，说到报纸的话，大家也都在读《金融时报》。而《金融时报》也对欧洲的情况，按国别非常细致地刊登了各种各样的报道。

除此以外的广告来源是in-flight·magazine，就是所谓的飞机机舱内的杂志，据说这种方式广告效果非常不错。因为e世代经常会乘坐飞机跨越国境到别的地方去。

当然了，网络广告也是很重要的。

据说，在欧盟接近4亿的人口中，像这样的e世代新兴人类有4000万人之多。这个群体每年都在快速扩大，早晚会超过1亿人口。

第二节　通用语言是英语

在创立欧盟之时,法国和德国之间曾对通用语言的事情发生过争执。

双方曾对设哪国语言为通用语言进行了理直气壮的争论,但实际上,这个讨论本身却是用的英语。

在欧洲的讨论中,英国虽被置于事外,但是从那个时候英国才发现:"哎呀,奇怪了!两国讨论通用语言是用法语呢,还是用德语,可为什么他们是用英语进行讨论呢?"

在进行这样的讨论时,站在中立立场上的是比荷卢经济联盟的人们。

荷兰人和比利时人既能讲德语也会说法语。另外,英语同样也讲得很好。德国和法国在为通用语言归属激烈争论时,比利时和荷兰却说:"哎呀,那事就算了吧。"

欧盟的总部设在了比利时,其原因是比利时人的语言能力很强。对于欧盟啊欧元这些复杂概念的讨论进行归纳总结的也正是荷兰人和比利时人。即便是《马斯特里赫特条约》,也是在距离荷兰国境线很近的一个小城市签署成立的。

> **【欧盟大事记】**
>
> 1998年3月12日,欧盟十五国与申请加入欧盟的中、东欧11个国家的领导人在伦敦正式启动了名为"欧洲会议"的首脑定期磋商机制。5月2日,欧盟布鲁塞尔首脑会议宣布德国、比利时、奥地利、荷兰、法国、意大利、西班牙、葡萄牙、卢森堡、爱尔兰和芬兰十一国为欧元创始国。

企业在欧洲的管辖总部和流通基地经常设置在荷兰或者比利时，其原因除了两国在地理上处于欧洲的中心位置以外，还因为这两个国家精通各国语言的人才非常多。

欧盟最初在进行相关集会的时候，同一个演讲要翻译成英语、德语、法语、意大利语、西班牙语等五种语言。但是，这种做法很没有效率，所以没过多久就只用英语一种语言了。

实用性最终战胜了各个国家的面子，也就是所谓的de-facto standard(约定俗成的标准)。

英语成为通用语言后，北欧的势力也就增强了。

在北欧各国，很多人都是将英语当成母语来使用的。

在斯堪的纳维亚半岛四国挪威、丹麦、芬兰、瑞典，人们从小学时候起就开始说流利的英语。

前些日子，我在丹麦用英语做了演讲，但是从一开始主办方就没有配备翻译。

从日本人的角度来看，丹麦语、瑞典语同英语的差别是非常大，而芬兰语则更是完全不一样，据说是属于中亚匈奴一族的语言。但是，在这几个国家，平常大家却彼此都使用英语。他们的英语会话能力甚至与美国人不相上下。

在意大利和西班牙做演讲也是一样，虽然配备了翻译，但是几乎所有的听众都是直接听英语演讲的。

这样的事情在十几年前是不可能有的。

如今，可以说英语已彻底成为欧盟的通用语言了。

第三节 欧盟规则成为世界标准

随着经济规模的不断扩大,欧盟所制定的法律、制度和标准对全世界所产生的影响力也正在不断扩大。

在拥有27个成员国的欧盟,不管做什么事情都必须经过协商后达成协议。

接着,协商一旦达成,一定会是这样的情况出现,"根据刚刚商量的结果,让我们来制定一个共同的规则吧"。相同的问题接连发生时,每次都进行商量便会变得于事无补,所以就有了这样的一个模式,在问题一开始出现时通过协商定好规则,之后遇到同样问题只要按照规则办事就可以了。

为了制定出多数国家都认同的规则,必须要倾注时间与精力。对于欧盟来说这是一种负担,但是共同规则一旦制定出来,之后这些规则在全世界都会拥有巨大的影响力。

正因为欧洲在环保方面有着很强的意识,所以在制定环境问题相关的法律与标准上,欧洲引领着世界。

比如说,"Euregap"就是规定农产品安全性的认证制度;在废品再利用方面,有一个"WEEE"标准。这是一个环境方面的标准,规定将电器和一般的废弃物分类进行回收再利用。

WEEE标准还规定禁止生产难以回收再利用的产品,或者"在商品生产中禁止使用铅等其他对人体有害的物质"。

欧盟这样规定之后,全世界的企业都不得不遵照这一规定来执行。

过去,这样的标准是每个国家各自制定的。德国的工业规格是"DIN",美国的工业规格是"ASTM",日本的规格叫作"BS"。

当企业想要进入各个国家的市场时,就必须事先调查好各国的具体规格并按照规格来对产品加以修改。过去,日本的企业对欧洲市场敬而远之而将主要力量放在美国,其中原因之一就是因为欧洲市场的效率很差。

如今在欧洲统一成欧盟之后,对于想要进入欧盟市场的企业来说比以前就轻松多了。

相反,如果不遵循欧盟制定的规格,就会失去世界市场的相当一部分份额。

因此，像中国等工业产品出口国，因为考虑到"如果从一开始就遵循欧盟的规格，那么进入其他国家市场也就没问题了"，所以国内标准也向着以欧盟规格为标准的方向制定。

如今，轻便运动鞋的尺寸等一般都以欧盟规格为准。

会计制度也是如此，欧盟的规则占据世界标准的地位。

现在，全世界设定会计标准的主体有三个。一个是制定欧洲国际会计标准(IFRS)的国际会计准则理事会(IASB)，一个是制定美国会计标准的财务会计准则委员会(FASB)，最后是日本的企业会计准则委员会(ASBJ)。

但是，之前三个标准并行的状况也突然发生了转变，原因是欧盟规定从2005年开始区域内的上市企业必须基于IASB制定的国际会计标准来制定共同财务报表。

首先，2007年8月，日本的ASBJ和IASB在《东京协议》中宣布在2011年之前实现统一会计标准的目标。在美国，美国证券交易委员会(SEC)修改了之前的规定，允许企业以基于IFRS的财务报表在美国证券市场直接上市。

像这样，世界会计标准如今以欧盟的IASB标准为中心，正在渐渐收敛成一个标准。如今，日本的企业已不得不在几年时间内便要以这个来自欧洲的IFRS为标准了。韩国和中国比日本更早，宣布在一两年内会有相应措施。

第四节　经营者不局限于同一国籍

按照日本人的想法,美国姑且不说,但如果听到"欧洲的企业正在迅速走向跨国经营",会觉得有些意外。但实际上,现在欧盟企业的跨国经营正在迅速发展之中。

能够清楚表明这一点的就是经营者的国籍了。

公司老总是外国人的例子最近也不是什么稀奇的事了。葛兰素史克、瑞士信贷、雀巢、ING(荷兰国际集团)、德意志银行、家乐福、德国曼集团、汉莎航空等,这些代表各自国家的鼎鼎大名的欧洲企业的最高经营责任人(CEO)国籍都不是企业的本国国籍,而是由外国人担任。这样的事情,大家都已经不会大惊小怪了。

企业内部成员的多国籍化进程中,走在前列的是美国的公司。

企业跨国经营的优点是能够更容易地应付无国界化时代的世界市场,比如说,通用电气、IBM、强生之类的美国跨国公司如今已明确地将目标瞄准了以"金砖四国"(巴西、俄罗斯、印度、中国)为代表的新兴国家。通用电气等公司如今正在施行"印度5万人体制",而其海外市场已经占据了总公司80%的销售额。

如今,即使美国市场因为金融危机遭

【欧盟大事记】

　　2001年1月1日,希腊正式成为欧元区第十二个成员国。12月15日,欧盟布鲁塞尔首脑会议通过《拉肯宣言》,为欧盟推行政治体制改革提出了需要解决的问题,并决定建立制宪筹备委员会为"欧洲的前途"提供改革方案。

受重创,但这些企业的收益和销售额依旧在增加。就连拥有全世界最大国内市场的美国,不断增长的也是那些开拓了海外市场的公司。

日本的企业也想做同样的事情,但是他们却做不到。因为企业内部没有实现成员的多国籍化。而其原因又在于日本这个国家自身的排他性。

在美国的跨国公司内部,如果做出"从现在开始进军印度市场"的经营决定,只要在公司内部招募,印度裔的志愿者就会踊跃举手报名。同样,如果领导说"俄罗斯市场大有前途"的话,在公司内找一找,就能发现一大群"我老爸是从俄罗斯逃过来的"的员工。如果想要强化对罗马尼亚市场的操纵,公司内又会有几十个罗马尼亚籍的员工。

这些员工都各自拥有美国国籍,在公司里已经工作了十几年。只要通过公司内部招聘招募这些员工并把他们派往当地,公司就轻轻松松地完成了海外进军。因为这些人既会说当地语言又熟悉当地情况,并且他们在公司内部已经是熟悉业务的相当有资格的老手了。

这是因为美国这个国家接纳来自全世界各地的移民。如果想在美国建立公司,当然公司从一开始其内部员工就会是多国籍化的。

在移民国家美国,聚集了来自世界各地寻求机会的人才。创立Google的是俄罗斯籍移民塞吉·布林(sergey Brin);在硅谷,也有很多中国人和印度人在创业。如此一来,新颖的想法就会层出不穷,通过互相竞争,各个公司的经营体系也会不断进步。

　　美国经济之所以引领了全球化进程，原因在于美国企业的内部做到了全球化；而美国企业能实现全球化的原因则在于美国社会本身已经实现全球化了。

　　对于美国所具有的这种性质，欧洲方面之前曾表现出了自卑情绪："那样的全球化水平我们是有点比不上的。"

　　但是，如果欧盟成立的话，欧洲自身就会变成美国那样各个国家多民族混杂的状况了。

　　其中，英国·荷兰籍的荷兰皇家壳牌公司 (Royal Dutch Shell)的董事长是芬兰人约玛·奥利拉；英国葛兰素·史克公司的高层是丹麦人，等等；北欧和荷比卢经济联盟的国家之前都是小国，但是，现在活跃着很多擅长外语的人才。

　　奥利拉原是芬兰诺基亚的董事长，但是，荷兰皇家壳牌公司因为不正当会计问题而摇摇欲坠的时候，他为人清廉的作风被赏识，被聘请兼任壳牌公司的董事长。

和壳牌不相上下的欧洲石油巨头英国石油公司(BP)的现任董事长是瑞典人思文凯(Carl Henric Svanberg)。他和奥利拉一样曾任职通信行业,曾是爱立信公司的董事长。北欧的世界级通信巨头诺基亚和爱立信的领导人调任英国·荷兰籍的国际石油大公司的高层,这种难以置信的"泛欧"式的人事调动在如今看来已是司空见惯的事了。

如今,欧盟的企业也和美国企业一样,公司的经营者也完全跨国化了,成了泛欧企业。最近他们也拉拢了一些具备经营能力的非欧洲国籍的商业人士,担任CEO的还很少,但是董事层已占有相当数量,比如美国人。

虽然不是欧盟成员国,但是瑞士的企业也在进行着全球化经营。

瑞士很久以前就是永久中立国家,不属于任何一个国家或者团体。因为存在这样的国策,加入欧盟之事虽举行了几次全民公投但最后都否决了。但是,看看瑞士的情况就会发现这个国家正可以说是已经泛欧化了,按理说应该成为最先加入欧盟的国家之一。

瑞士国内通用4种语言:德语、法语、意大利语以及蒂洛尔地区独特的罗曼语。瑞士国民掌握了这几门语言后另外还学习英语。

观察瑞士人之间的对话有时会觉得:"这些人的头脑到底是怎么回事?"

我曾经参加过瑞士公司瑞士信贷和雀巢的联席会议。举个例子,当几个人在用德语进行交谈的时候,如果有一个不懂德语的人加入他们的对话时,一瞬间所有人都将会话的语言转换成了英语;同样,如果有人只会说法语的话,交谈语言瞬间就换成了法语。

【欧盟大事记】

2003年4月16日,在希腊首都雅典,欧盟与捷克、塞浦路斯、爱沙尼亚、匈牙利、拉脱维亚、立陶宛、马耳他、波兰、斯洛伐克和斯洛文尼亚等10个完成入盟谈判的候选国签署入盟协议。这意味着欧盟成员国扩大到25个。这10国于2004年5月1日成为欧盟的正式成员国。

　　瑞士信贷和雀巢是代表瑞士的两大企业，他们有个传统，各自的董事长互相就任对方公司的董事。

　　这两家公司都拥有强烈的"This is Swiss"意识，但却不怎么拘泥于领导者的国籍。到1997年为止，担任雀巢董事长十几年的赫尔穆特·马赫是德国人，他的后任包必达(PeterBrabeck)是奥地利人，而现在的保罗·巴尔克是比利时人。

　　说起来雀巢就是由来自德国的亨利·内斯特尔创立的公司与从美国来到瑞士的佩吉兄弟创立的公司合并而成的，所以从一开始它就是外国人创立的公司。

　　具有丰富的国际色彩是理所当然的，外国人担任CEO也不是令人惊讶的事情。

　　至今为止，雀巢已经在世界各国收购了将近100家企业了。在莱蒙湖畔一家名为"布贝"的疗养地的研究所内，雀巢公司对收购企业的干部进行为期一个月左右的培训，通过教育使他们成为雀巢集团的一员。

　　这样的体系能够确立起来也是因为瑞士人会说好几国语言，即使是外国人做CEO，相互交流也没有任何问题。在不擅长语言学习的日本，如果不会说日语的人做了CEO的话，部下就会非常辛苦。

　　瑞士人口大约有600万(拥有瑞士国籍的人)，大致相当于日本的千叶县的人口。这个国家有全球最大的食品公司雀巢，除此以外还有像诺华和罗氏那样的世界级制药公司，以及USB和瑞士信贷那样的世界顶级银行、苏黎世保险那样的大型保险公司以及瑞士再保险公司(Swiss Re)。

　　瑞士还擅长机械工程学，机械制造商苏尔寿(sulzer)曾以用于铁路和船舶的大型内燃机占据了绝对优势的市场份额。

　　这么一个山地小国，其企业之所以能走向世界，原因就在于他们率先拥有了欧盟的思想，不分国籍与国境线把整个世界作为市场开展公司活动。

第五节　聚集了世界上最优秀的人才

20世纪80年代中期，我在德意志银行总裁阿尔弗雷德·何豪森的邀请下，开始担任欧盟企业经营者学习会的讲师。

代表欧盟的32家世界级企业的领导们一年一度聚集在德国西南部的城市斯图加特，在为期两天的时间里就全世界的诸多问题交换意见。

那时的成员有，意大利工业复兴公司(IRI)总裁、日后连任意大利总理和欧盟委员会主席的罗马诺·普罗迪；荷兰皇家壳牌公司的董事长；戴姆勒·奔驰(当时的名称)的董事长；瑞典ABB集团的董事长；投资公司景顺(Iiqvesco)的董事长，等等，可谓精英济济。

以斯图加特作为首府的巴登—符腾堡州州长洛塔·施贝特为这个会议提供了场所。

何豪森后来被前苏联红军暗杀了。他好像是读了我的书之后，决心要开展全球化相关的学习会的。

在这个学习会上，我预言柏林墙倒塌后紧接着苏联会解体，并和他们展开了议论。

【欧盟大事记】

2003年12月12日，欧盟首脑会议在布鲁塞尔开幕，会议的主要议题是讨论并争取敲定欧盟宪法草案的最后文本。会议通过了欧盟安全战略文件，这是欧盟通过的第一个安全战略文件，为进一步提高欧盟的危机预防和处理能力及独立防务能力奠定了新的理论基础。由于各方在有效多数表决机制等问题上分歧较大，会议未能就欧盟宪法草案最终达成协议。

通过对民主德国水泥公司的研究，我注意到经济互助委员会(COMECON)经济中的弱点。

经济互助委员会的经济结构是按地区划分生产品种并进行融通，只要欠缺一环，生产就无法进行了。

我指出："只要有一个国家的经济崩溃了，COMECON经济整体就会连锁性地崩溃。现在民主德国已经脱离这一组织，苏联已经挺不了多久了。"但是他们否定我说"绝对不会发生那样的事情"。

事实上1989年柏林墙倒塌两年之后，1991年12月苏联总统米哈伊尔·戈尔巴乔夫辞职，构成苏联的各个共和国独立，联邦国家解体消失了。

在那之后第二年的学习会上，学习的主题就是苏联解体，大家议论纷纷："为什么日本人知道苏联会解体呢？日本人的观察和我们的观察到底哪里有不同呢？"

应该是因为我从和他们不同的视角出发说出了他们不曾料想过的意见，所以对他们来说是一个很大的刺激吧。

罗曼诺·普罗迪即便在日后成为意大利总理以后，我和他联系说"我现在到意大利的博洛尼亚来了"，他会特地抽出时间从罗马跑到博洛尼亚来与我会面。我和他一直经历着这样的两天一宿

【欧盟大事记】

2004年3月，欧盟首脑会议在欧盟理事会大楼举行，会议发表了《反恐声明》。会议决定采取的另一项反恐措施是，将欧盟与其它国家的经济合作与反恐合作联系起来。此外，会议采纳的紧急措施还包括改善欧盟国家间警察和情报部门的合作，使各国法律允许颁布共同的通缉令，加强边界控制和进行电话记录跟踪，筹措打击恐怖主义经费，建立欧洲恐怖嫌疑犯数据库等。

的会议接近10年之久，正是因为我们都是具有强烈的"全球化意识的志同道合"的人的缘故吧。

把我这个既不是美国人也不是欧洲人的日本人奉为讲师，来进行欧盟方向性的相关讨论，在这个意义上可以说在当时的欧洲地区，最高阶层的经营者们已经不拘泥于国籍了。

从那时的学习会至今已过去了20年，如今，欧盟企业的经营者们也已萌发出了信心："不仅仅是美国，我们也能雇用全世界最优秀的人才了。"

现在，参观欧盟企业的研修，你会发现，不仅仅有欧洲人，还有很多美国和中、南美洲的人也会来参加。通用语言是英语。如果把日本人带去参观的话，他们会吓一跳："这就是所谓的跨国公司吗？"但是从现在开始，日本的企业经营者也不能再为这么点小事就大惊小怪了。

第六节　撤销海关使物流一元化成为可能

如今,欧盟的企业正在加速汇集储存和物流基地。

在我加入董事会的耐克公司,已经在十几年前的1998年时将之前的国别式的储存管理方式统一成一种方式,在比利时安特卫普近郊的阿尔贝特运河畔建立了欧洲流通中心和巨大的物流仓库,完成了能够在24小时内将产品从那里输送到欧洲各个地区的体系。

之所以能做到这一点是因为,根据1985年由法国、德国和荷比卢三国联盟发起的《申根协定》,区域内的海关和护照控制都被撤销了。

《申根协定》原先的成员国有法国、德国、比利时、荷兰、卢森堡,后来,1990年意大利加入,1992年葡萄牙、西班牙、希腊加入,1995年奥地利也加入其中。

之后一年,也就是1996年的时候,丹麦、芬兰、冰岛、挪威、瑞典这些北欧国家也加入进来,协定加入国的范围一下子便扩大了。

《申根协定》成员国的卡车在通过海关时不会被拦下,这使得物流一元化成为可能。

只是,耐克公司在对后勤(物流系统)

【欧盟大事记】

欧盟反恐协调员吉勒·德凯尔肖夫(比利时),负责协调欧盟理事会在反恐领域的工作,监督欧盟反恐战略的执行情况,并督促欧盟在反恐斗争中起到积极作用。

进行改革的时候，由于欧洲的交通要冲瑞士在当时还没有加入
《申根协定》，所以附带条件是"只要不走瑞士就行"。瑞士加入协
定是2005年的事情了。

如今，除岛国爱尔兰和英国以外的所有欧盟成员国都加入了
《申根协定》，并且非欧盟成员国的冰岛、挪威、瑞士、列支敦士登
也加入进来了，因此非常方便。无论你想去欧盟地区内的任何一
处地方，可以直接用卡车将货物从仓库运输到销售店门口。

即便要前往新加入欧盟的保加利亚和罗马尼亚，坐上车不用
经过海关检查就可以一下了到达。从保加利亚首都索菲亚到土耳
其首都伊斯坦布尔坐车只需要4个小时，因此对在土耳其设立工
厂并将产品运输到欧洲各地区的企业来说，只需一次报关就可以
完成，其方便程度就大大提高了。

作为欧盟的物流基地，除了比利时以外，荷兰的鹿特丹也处
于优势地位。

当然,除此以外还有很多地方。开展"ZARA"服装业务的Inditex集团在西班牙境内靠近葡萄牙的加利西亚地区的拉科鲁尼亚设立了物流基地,从那里到欧洲全境可以在24小时以内将货物发送到目的地。

在从仓库发货的出口处,享誉国际送货服务业的DHL的发货车排成一串,如果是到欧盟境内的话,卡车直接就可以发车而不用考虑通关等问题,航空用的集装箱则可以直接送达机场。

到全世界各地能在48小时以内,到欧洲各地能在24小时以内,ZARA能够将产品准时地送达全球大约3000家直营店里。

第七节　已经不用怕中国了

新加入欧盟的中东欧各国,作为欧洲企业的生产基地正在迅速成长。

各国的企业正在将生产基地从劳动成本高昂的西欧地区转移到东欧地区。

比如说,手机制造商巨头诺基亚在2008年的时候关闭了位于德国西部城市波鸿的、拥有两千员工规模的工厂,将生产移交给了刚加入欧盟不久的罗马尼亚。这次关闭工厂事件在德国国内一度演化成社会问题,一时甚至差点出现了抵制诺基亚的运动。但是诺基亚的这种做法一点都不涉嫌违法,而且人家还是芬兰的企业,最后德国也只能承认这一事实。

在欧盟成员国中,和工资水平较高的德国相比,新的成员国罗马尼亚的平均工资不过是人家的1／10左右而已。对企业来说这个差额是巨大的。

罗马尼亚在加入欧盟之前国内都没什么像样的企业:很多国民都外出到同样是拉丁系的西班牙、意大利、法国等国打工挣钱。即使是在景气较好的2008年,国民的月薪也就500美元左右,和世界工厂中国相比差距不大。同期加入欧盟的保加

【欧盟大事记】

2004年5月1日,前来参加欧盟扩大仪式的25个成员国及欧盟领导人在爱尔兰首都都柏林拍摄欧盟扩大后的第一个"全家福"。

利亚的工资水平则更低。

现在,这一事实让欧盟的企业信心大增。

以前,他们战战兢兢,担心"欧洲的制造商们会不会全都被中国打败然后消失",但是,如今这种观点已经不复存在。因为他们知道欧洲境内也拥有能够和中国抗衡的、聪明的、低成本的劳动资源。

在欧洲制造商眼里看来,中东欧各国加入欧盟,至少只要是在欧洲市场上竞争的话,就能够获得不输给中国的成本竞争力。

随着欧盟成员国的不断增加,企业不断向东进发。

这一点,只要看看国外在该国国内进行的对内直接投资就能一目了然。

或者在该国设立企业,或者收购该国已拥有的企业,或者和该国的企业建立合作关系,这些以涉及企业经营为目的而进行的投资方式称为直接投资。不涉及企业经营权,以获得单纯的红利、利息、出售利润为目的的投资方式称为间接投资。

中东欧、独联体国家地区有来自国外的巨额投资。其中,相当一部分是西欧各国企业在这些国家设立生产基地而投入的。

一方面生产基地渐渐向东转移,而另一方面,欧洲境内拥有总公司机能的机构和进行研究与开发(R&D)的设施则相反,正往西转移。

总公司、财务总部或者是物流基地、R&D中心,传统上都是在比利时、荷兰、德国、英国等国家设立基地的。

虽说都是在欧洲,如果企业能准确地理解其内涵的话,就能知道他们完全可以根据不同地区的特点分开采取适合的利用方法。

欧盟内的两欧各国因为中东欧各国加入欧盟而失去了一部分就业机会,但是并未因此遭受毁灭性的打击。

本来,欧盟悲观论者曾说,"东欧各国如果加入欧盟的话,西欧的就业机会就会全无",但现在可以说他们的推测很明显是错误的。

> **【欧盟大事记】**
>
> 2004年5月1日,马耳他、塞浦路斯、波兰、匈牙利、捷克、斯洛伐克、斯洛文尼亚、爱沙尼亚、拉脱维亚、立陶宛十国正式加入欧盟。

第八节 "Made in EU"的附加价值

　　第二章曾提到的在西班牙加利西亚地区设立总公司的Inditex集团,是拥有"ZARA"等世界知名品牌的服装行业巨头。

　　Inditex集团将亚洲市场定位为扩大事业最重要的基地。自从1998年在东京开设亚洲一号店以来,集团在中国香港、韩国等亚洲各地不断扩大店铺网。据说该集团在亚洲地区的增长率是在其他地区的两倍。2009年2月还和印度巨头财阀塔塔集团进行了合作。

　　有极少一部分的常规商品是在中国生产的,但是除此以外的产品都是在加利西亚生产,最近集团将一部分产品的生产转移到罗马尼亚。所以说基本上是在欧盟内进行生产的。因此,对亚洲的年轻人来说,他们是带着一种对欧洲品牌(EuropeanBrand)的憧憬之情来看待ZARA的商品的。

　　加利西亚地区的工资水平为月薪6万日元左右,比罗马尼亚高,但即使那样,如果考虑这些名牌商品的相关因素,比如说生产、发货等的速度,已经足够和中国抗衡了。即便成本多少会有些上涨,也可以通过提高附加价值、略微提高点商品价格来弥补这些上涨的部分。

【欧盟大事记】

　　2004年6月17日,欧盟首脑会议在比利时布鲁塞尔欧盟理事会大厦开幕。这是欧盟2004年5月1日扩大到25国后的首次峰会。18日,欧盟的第一部宪法条约草案获得通过。该宪法将取代欧盟现有庞杂的法律文件,保证欧盟扩大后机构的正常运转。

生产基地设在欧洲,就能够在商品宣传时喊出"这是在欧洲生产的",这一点也是非常重要的。

现在的原产地证明是国别式的,也就是"Made In Italy"、"Made In France"等。实际上这种方式在商业道德上是有些问题的。

原因是,这些被称为是法国制造、意大利制造的时尚产品实际上很多都是在罗马尼亚生产的。

在LVMH(MOet Hennessy-Louis Vuitton)集团旗下,有个皮革制品的高级品牌"Loewe"。大家都以为是法国制造,但实际上是在西班牙生产的。

还有爱马仕的围巾,大家也以为是法国制造,但实际上是在意大利科摩生产的。

生产套装的著名时尚品牌意大利阿玛尼在罗马尼亚有自己的工厂,高级鞋类品牌"菲拉格慕"的一部分商品也是在欧盟境内的低工资国家进行生产的。虽然大家都在说着

"法国的爱马仕"、"意大利的阿玛尼"，但所谓的欧洲高端名牌从过去开始就是在欧洲的各个地方生产的。

而现在，东欧各国也加入进来了，所以生产基地也发生了变化。

在意大利有个非常有意思的规定。不管产品是在哪里生产的，都要被带回意大利，在里面写上意大利制造，或者只贴上写有意大利制造字样的封印，在意大利进行包装后再出口的话，大家就会承认它是"意大利制造"的了。

但是，在日本和美国的消费者则会发出抗议，"什么意大利制造啊，这不是骗人吗？"实际上，日本的进口商，也就是经营写着"Made in Italy"商品的那些进口业者，曾被人告发而接受了公正交易委员会的调查并被处以罚金。说起来让人觉得可怜，事实上这些东西到底是在哪里生产的，日本方面也无从确认。

但是，如果将这种认证方式从国别式改成"欧盟内生产"的话，就不会出现问题了。

可以像制作羊毛标志那样弄个"欧盟标志"，以此来表示"Made in EU"。

即便布料是埃及棉，但设计在意大利完成，染色和缝制是在罗马尼亚完成，如果是这样的产品，就可以允许其贴上欧盟生产的标志。

这样一来，在罗马尼亚生产的意大利名牌商品也能够

【欧盟大事记】

2004年7月，欧盟外长会议决定正式开始建立欧盟军事装备局。这是欧盟决定组建快速反应部队和建立军事行动计划中心后在独立防务方面迈出的重要一步。欧盟军备局的主要任务是推动欧盟实施安全与防务政策，协调欧盟的军备开支，帮助成员国提高防务能力，包括危机处理、军备合作、军事技术研发以及开发具有竞争力的欧洲军事设备市场。索拉纳将出任军备局的第一任局长。该局的决策机构由参与国的国防部长组成。军备局直接对欧盟理事会负责，同时向欧盟政治与安全委员会提交工作报告并接受该委员会指导。2004年1月，索拉纳任命英国国防部国际安全政策司司长尼克·威特尼为军备局筹备小组组长。

堂堂正正地昂首挺胸说："这是在欧盟境内生产的商品，和中国制造是不同的哦。"

这在市场营销上是个强有力的武器。

今后，为了支持欧盟境内的生产企业，应该会发行欧盟的原产地证明吧。这样的话，"泛欧名牌"就将诞生。

"菲拉格慕"等欧洲的高级品牌不会过多在中国生产。因为他们预测，只要这样做，消费者就会认可其商品的"欧盟制造"身份。

今后，如果土耳其也加入欧盟的话，迎击中国产品的体制会最终完成。

第九节 汽车制造商的汇集

随着欧盟一体化的不断加强,欧盟内部的企业也正在按照业种进行改组整顿。其代表就是汽车行业。而事实上,如今整个欧洲境内整车的制造商只有德国、法国、意大利这3个国家了。

当然,如果说到独立品牌的话,以瑞典的萨博、沃尔沃和英国的捷豹、路虎为代表,捷克、波兰以及罗马尼亚国内也都有,但是这些全部都被兼并、收购到西欧的大公司旗下(英国的两个公司被印度财阀塔塔集团收购)。

捷克的斯柯达是大众系列的品牌,和同一个系列的奥迪、西班牙的西亚特都被同一个汽车商,作为系列品牌被并购了。

波兰的FSO被韩国的大宇汽车合并,大宇破产之后成为通用汽车(GM)旗下的品牌,现在已经不生产原创车型了。在波兰,现在意大利的菲亚特是顶级制造商。

罗马尼亚的达西亚也被法国的雷诺汽车合并了。

在欧洲汽车业界,走在最前头的是业绩良好的大众公司。

【欧盟大事记】

2004年10月29日,欧盟25个成员国的领导人在罗马签署了欧盟历史上的第一部宪法条约。

该公司发布的2008年汽车全球销售量更新了过去的最高纪录,跟上一年相比增长0.6个百分点,达到623万辆。

美国的汽车市场处于毁灭性的状况,相反大众汽车的业绩坚挺,原因是大众汽车在以中国为代表的新兴国家的销售情况良好。

和其他竞争厂家相比，大众汽车的优势在于在各个新兴国家的强势。大众在德国国内的销售也发挥了自身的强势，但也并非飞速增长。而另一方面，在包括欧洲在内的海外市场上，尤其是2006年以来，大众汽车的销售量迅速增长。

尤其是在中国，大众2006年的销售量超过了70万辆，2008年突破了100万辆。在中国、巴西、俄罗斯这些新兴国家的销售情况非常不错。

但是，如此销售业绩良好的大众汽车也面临着被收购的命运。

收购方是保时捷。收购人是时任保时捷CEO的德林·魏德金。

2009年1月，保时捷公司宣布获得了大众汽车超过50％的股份，从此大众汽车成为其旗下的一家子公司。

保时捷和大众汽车历史上本来就有业务合作关系的。

魏德金以保时捷创业家族原先保有的大众股份为基础,不断在市场上买进股份,对大众汽车的股份持有率甚至超过了50%。在谁都没有留意的时间里,包括通过金融衍生品的交易能够追加获得的权利在内,创造了75%的购买记录。

他的敏捷动作非常干净利落。

因为这出收购剧,大众的股价曾经一路飙升,这一次CEO魏德金利用股价上涨的机会,将两兆日元的现金收入保时捷囊中。

魏德金入选《财富》杂志封面人物,被介绍为"抢占市场先机的人"。

就这样,保时捷公司收购了大众汽车,大家认为这就是所谓的以小吃大的成功收购案例,但局面并未就此结束。

半年后的2009年7月,保时捷公司宣布CEO德林·魏德金和CFO(首席财务官、财务总监)霍格尔·黑特离职。

大家都认为的成功收购大众的想法也只是昙花一现,由于不断买入大众汽车的股票,保时捷的财务状况急速恶化。

就在此时世界金融危机发生了。高级车保时捷的销售量急剧减少。魏德金原来的计划是对大众汽车的股份持有率增加到75%,但在资金周转上陷入了僵局。

为了救济背负巨额负债而陷入危机的保时捷,保时捷公司的创业家族

【欧盟大事记】

2004年10月,欧盟25个成员国的领导人在罗马签署了欧盟历史上的第一部宪法条约,标志着欧盟在推进政治一体化方面又迈出重要的一步。欧盟宪法条约签署后还需欧盟各成员国根据该国的法律规定予以批准方可生效。如果各成员国批准顺利,欧盟宪法条约将于2006年11月1日正式生效。

不得不向卡塔尔的投资基金出售股票,由此筹措了50亿欧元的资金。

以前,保时捷公司的创业家族拒绝对外部出售股票,并一直保有保时捷百分之百的表决权。但是,因为魏德金强行收购大众汽车,最后他们竟不得不丢弃自己的传统。

在创业者当中,以作为创业家族具有实力的人物,也是保时捷的大股东、大众汽车监察会会长迪南德·皮耶希为代表,对魏德金的批判声高涨。

最后魏德金被解除职务,收购剧也转变了攻守的位置。这次,大众汽车占据了主导权,进一步发展与保时捷的统一经营。

大众汽车从创业家族手中获得了保时捷的股份,到

【欧盟大事记】

　　2004年11月，在布鲁塞尔举行的欧盟国防部长会议正式决定，欧盟将于2007年前组建13个能部署到世界上任何热点地区的快速反应战斗小分队。按照欧盟国防部长们的设计，快速反应战斗小分队的兵力为1500人左右，能部署到离欧洲6000公里远的地方，并有能力在欧盟成员国一致作出决定后10天内完成部署。首批战斗小分队将于2005年至2006年组建完毕。

2011年中期之前预定两家公司将完全合并。能够预料到的必需费用是80亿欧元。

　　这个故事里头还有另外一个故事。

　　在这次以失败告终的收购大众汽车的过程中，魏德金和原财务总监黑特进行了不正当的市场操作，通过内部交易（利用内部信息进行的不正当交易）获取利益，因此他们接受了警方的审讯。

　　2009年初作为《财富》杂志封面人物的明星CEO在半年后竟沦为了嫌疑犯。

　　这个故事让我们感受到欧盟舞台上企业改组的激烈程度。

第十节　欧洲势力变成丰田汽车的竞争对手

不管怎样,保时捷和大众汽车也算是合并经营了,带来的结果是各种各样的车型和世界范围内的批量生产体制。

大众汽车旗下拥有英国名车宾利、意大利的跑车,也拥有兰博基尼,还拥有高级车奥迪,另外当然也有大众品牌的汽车。

保时捷公司有一款名为"卡宴"的四轮驱动车型,由保时捷公司负责设计开发,并提供发动机。同时能够有效利用批量生产车身的大众汽车的工厂来进行生产。

2009年秋天,保时捷公司发布了一款四门轿跑车"Pana—mera",这也是一款理念新颖的车型。作为保时捷的车型,设计得比较小却不狭窄,作为轿车拥有宽敞舒适的名车感觉。

这款车型每辆可以产生120万到130万的利润,所以和其他制造商的汽车相比利润率完全不同。也正因为是保时捷的车子,所以卖得再贵也能畅销。

如今,在世界汽车市场不景气的局势下,丰田汽车和日产汽车都被迫进行艰苦的战斗。直接原因是北美市场的销售不佳,但是在中国、印度、巴西这些新兴国家

【欧盟大事记】

2004年12月,欧盟首脑会议在布鲁塞尔决定,罗马尼亚和保加利亚将于2005年4月签订入盟条约并于2007年成为欧盟正式成员国。

未能获得较大的市场份额也成了一个大课题。

在日本汽车势力不大的中国和巴西地区,大众汽车非常强势,因此对日本的汽车公司来说大众是个令人讨厌的对手。

另外,意大利的菲亚特在日本车占弱势的国家也非常强势。

菲亚特公司旗下也拥有法拉利、玛莎拉蒂、阿尔法、罗密欧这些世界知名的跑车。

日本的汽车公司在过去40年时间里,拼命追赶想要赶超美国汽车三巨头,但是,正以为要超越的时候,欧盟势力这个完全不同的竞争对手却走进了视野。

以低成本为武器的中国、韩国汽车制造商在将来也会是不好对付的对手,但是目前来说,欧盟的大众、菲亚特有可能会成为今后日本汽车公司在世界市场上的最大竞争对手。

第十一节　过于庞大的欧盟银行

此次金融危机中明确的另一点是"与国家相比,银行的规模过于庞大了"。

例如,如果香港上海汇丰银行、苏格兰皇家银行、巴克莱银行等三家英国顶级银行合在一起,其金融资产将是英国GDP的3倍。

瑞士只有两家大银行,但是如果将瑞士联合银行和瑞士信贷集团两家的资产合在一起,竟然是瑞士GDP的7倍。

银行规模如此庞大,虽说他们的本部各自位于英国和瑞士,但是即使要求"各国救济各自的银行",也是不可能做到的。这好比是要求一个小孩去托起一头大象。

全球化之后欧盟各国的银行对于欧盟国家来说,好像一生下来就长牙齿的孩子,显得过于庞大了。

实际上,美国的银行也是如此。

濒临破产的花旗集团,虽然本部位于纽约,但实际上,在纽约州以外的美国国内并没有很多分店,而是分散于欧洲、亚洲、拉丁美洲等世界各地。美国银行本来只是加利福尼亚州的地方银行,但是其活动范围以海外

> **【欧盟大事记】**
>
> 北京时间2012年1月31日,据路透社报道,三位欧盟官员透露,欧盟领导人已经于周一举行的峰会上就从2012年7月起引入永久性欧洲稳定机制(ESM)达成一致性意见。欧洲稳定机制的贷款能力将为5000亿欧元,将取代目前为爱尔兰和葡萄牙提供了救助的暂时性救助基金——欧洲金融稳定基金(EFSF)。

为主。

由地方诞生的银行成长为世界知名的巨大银行,需要具备能够在银行间激烈竞争中获胜的经营策略。这个过程本身是一个成功故事,无可厚非。

但是,问题出现在经营衰落之时。

如此巨大的金融机构如果遭遇破产,对于实体经济的影响是非常恶劣的。因此,经营出现危机时必须进行挽救,但是问题是:"由谁来挽救呢?"

如果前述的两家瑞士银行陷入危机,那么即使全体瑞士国民把所得变为银行存款也无法挽救它们。当然,国家也无法对其挽救。现代的国家危机在于,尽管无法挽救,但是国家还是必须投入资本,且做出承诺:"我们将保护全部存款。"

德国不动产融资银行(Hypho Real Estate Holding)陷入危机时,总理默克尔宣称"我们将保护全部存款"。这其实是为了平定恐慌,形势所迫而做出的言论。实际计算一下的话,德国国民的银行

存款总金额为国家预算的3年份额。那个宣言可能只是默克尔随口一说，德国政府当然无法承担那样的责任。

【欧盟大事记】

据新华网消息，欧洲理事会主席范龙佩2012年1月30日晚宣布，除英国和捷克以外的欧盟成员国当晚在比利时布鲁塞尔举行的欧盟领导人非正式会议上通过了"财政契约"草案。

之后，由于危机结束，默克尔的话并没有受到考验，但是我们应当认识到，不论是哪国政府也无力救济即将破产的大银行。另外，发达国家必须尽快制定出框架，在各国应对金融危机的方法和步调上达成一致协议。

关于巨大银行的问题，我认为"母国救援"的方案是不合理的。这是欧盟全体或者世界性课题，为此必须组成一个共同的新机构，下文将再次讨论。

冰岛人口仅有32万，介于日本埼玉县的所泽市与越谷市之间。

如果本部位于所泽市的银行汇集全球资金，并成为巨大银行，那么即使银行出现经营危机，市财政也不可能救济世界级银行。

在银行如此庞大的情况下，即使英国要求冰岛政府"采取一些措施"，该政府也不可能有所作为。

第十二节　财富达人的理财之道

理财不是一夜暴富

理财不是买彩票,不可能"一夜致富",在做理财投资的时候,大家需要牢记"天上不会掉馅饼",谨慎投资。理财是一个长期的过程,注重的是长期收益,并非一时之事,需要时间和耐心,其目的是未雨绸缪,让财务状况更平稳。

1.紧急备用金必不可少

每个人或每个家庭或多或少都有结余,但是当失业导致的收入中断,医疗或意外灾害所导致的超支费用,若没有一笔紧急备用资金会使家庭陷入一时的财务困境。

失业保障月数包括存款保障月数(存款÷月固定支出)、可变现资产保障月数(可变现资产÷月固定支出)或净资产保障月数(净资产÷月固定支出)。一般而言,存款保障月数不少于3个月,可变现资产保障月数为6个月,净资产保障月数为12个月以上。

2.储蓄——安全的理财方式

储蓄既能盈利,又具备安全、方便、备用和保值的优点。对于80后来说,要先从现金流量结构分析着手。现金流入可以是工作收入,也可以是理财收入或者资产负债调整的现金流入。工作收入包括薪金、佣金、奖金等,但有失业风险;理财收入包括房租、股利、投资利益以及金钱或已有财产衍生出来的收入，具有投资风险；资产负债调整的现金流入主要包括借入款、资产变现以及债权回收款等。

提高储蓄的方式可从增加收入和降低支出两方面，收入包括家庭收入和家庭理财收入，支出包括家庭生活支出和家庭理财开支。

3.学会用别人的钱来赚钱

"80后"面临的一个重大压力就是房子，而房子已经成为"80后"组建家庭的必需品。因此，贷款买房也成为很多"80后"的生活模式。然而，并非所有人都能接受这种负债买房的事情。其实，负债既不高尚，也不丢脸，关键在于如何有效管理，使它成为平衡现在生活与未来享受的工具。

我们可以根据自身的收入能力和资产价值进行贷款。在银行核定信用贷款时，通常以收入为主要参考点，基准为月收入的3～10倍；抵押贷款根据抵押标的价值为基准，比如保单或存单往往可借到九成，股票或地产为六七成，车辆为五成左右。

"80后"可以贷款买房，就可以利用自己的财产进行投资理财，学会用别人的钱来赚钱，无疑是一个好方法。